Danach müssen Sie noch die Sicherheitsabfrage bestätigen.

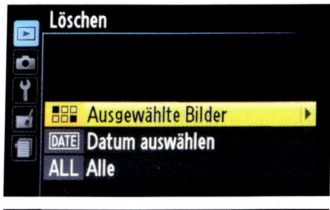

Ansicht der Menüfolge nach Aufruf der Option *Löschen*.

Eine vorherige Bildauswahl ist auch erforderlich für die Funktion *DPOF-Druckauftrag*. Damit können ausgewählte Bilder auf einem DPOF-fähigen Drucker ausgedruckt werden. Die Bilder werden dazu in der Indexansicht angezeigt und mit der Bildindextaste und dem Multifunktionswähler markiert.

Wiedergabeordner

Die Funktion *Wiedergabeordner* ermöglicht die Auswahl des zum Speichern verwendeten Ordners zur Bildansicht und Wiedergabe. Verwenden Sie mehrere Ordner, kann zur Wiedergabe die Auswahl auch auf *Alle Ordner* gesetzt werden.

Bildauswahl für einen Druckauftrag und Einbettung von Aufnahmedaten und Datum.

Opt. für Wiedergabeansicht

Mit dieser Funktion haben Sie die Möglichkeit, eine Auswahl möglicher Bildinformationen im Wiedergabemodus anzuzeigen; es können die Optionen *Keine (NUR Bild)*, *Lichter*, *RGB-Histogramm*, *Aufnahmedaten* und *Übersicht* ausgewählt werden. Dabei ist darauf zu achten, dass nach der Aktivierung oder Deaktivierung die Option *Fertig* ausgewählt und mit OK bestätigt werden muss. Zusätzlich können Sie in diesem Menü noch *Übergangseffekte* bei der Bildansicht auf dem Monitor auswählen.

Bildkontrolle

Die Bildkontrolle ermöglicht die automatische Anzeige von Bildern direkt nach der Aufnahme auf dem Kameramonitor. Die Standardeinstellung dieser Funktion ist *Ein*. Wurde die Option *Aus* gewählt, können die aufgenommenen Bilder nur durch Drücken der Wiedergabetaste angezeigt werden.

Anzeige im Hochformat

Durch die Auswahl von *Ein*, der Standardeinstellung, zeigt der Kameramonitor die Aufnahmen im Hochformat an. Die Darstellung der Bilder wird dadurch jedoch kleiner. Bei der Wahl von *Aus* werden sie vollformatig angezeigt, die Kamera muss zum Betrachten jedoch gedreht werden.

Anzeige der Bilder im Hoch- oder im Querformat.

Diaschau

Damit lassen sich die gespeicherten Bilder und Filme in der Reihenfolge ihrer Aufnahme auf dem LCD-Monitor wie in einer

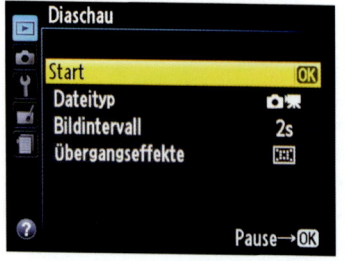

Start und Einstellungsoptionen zur *Diaschau*.

Diashow anzeigen. In den Einstellungsoptionen kann unter *Dateityp* festgelegt werden, ob nur Bilder, nur Filme oder beides wiedergegeben werden soll.

DPOF-Druckauftrag

Bei Verwendung eines Druckers, der den DPOF-Standard unterstützt, können in diesem Menü die Bilder wie zuvor schon beschrieben ausgewählt und anschließend für den Druckauftrag gespeichert werden. Ausgewählte Bilder werden durch ein Druckersymbol gekennzeichnet und können bis zu 99 Mal hintereinander ausgedruckt werden.

Aufnahme: Einstellungen festlegen

Nach dem Aufruf des *Aufnahme*-Menüs.

Die Anzeige der Untermenüs sowie deren Verfügbarkeit sind abhängig von den zur Aufnahme verwendeten Programmeinstellungen. Eine Anzeige aller Optionen ist nur in der Auswahl von *P*, *S*, *A* oder *M* möglich.

Zurücksetzen

Die Auswahl dieses Menüpunkts ermöglicht es, die aktuellen Kameraeinstellungen zu verwerfen und die Aufnahmeeinstellungen auf die werkseitig vorgegebenen Einstellungen zurückzusetzen.

Picture Control konfigurieren

Hier werden Ihnen Bildoptimierungsvorgaben angeboten. Nehmen Sie Anpassungen zu Kontrast, Schärfe und anderen Bildeigenschaften vor, je nach beabsichtigter Verwendung und Aufnahmesituation.

Speichern Sie Ihre Bilder im JPEG-Format, werden die Einstellungen immer direkt in das jeweilige Bild eingerechnet. Die freie Wahl der Einstellungen steht jedoch nur für die Aufnahmeprogramme *P*, *S*, *A* und *M* zur Verfügung. Bei den Motivprogrammen wird automatisch die zur Auswahl passende Picture-Control-Einstellung verwendet. Diese ist nicht veränderbar.

Zugriff auf die Bildoptimierung über die Aufnahmeinformationen. Zur Auswahl und zur Einstellung der gewählten Optionen benutzen Sie den Multifunktionswähler. Mit der Zoomtaste kann bei der Anpassung auch eine grafische Darstellung (Gitter) angezeigt werden.

SD Standard

Standardeinstellung und empfehlenswert für die meisten Aufnahmen. Die Bilder wirken brillant, aber nicht zu hart. Geeignet für die meisten Anwendungen außer *Porträt*.

NL Neutral

Reduziert den Kantenkontrast, die Darstellung wirkt weicher und eignet sich für alle Fotos, die später auf dem Computer nachbearbeitet werden sollen. Die Option *Schnelleinstellung* steht für diese Auswahl nicht zur Verfügung.

VI Brillant

Farbsättigung, Kontrast und Schärfe werden verstärkt, um klarere Farben und schärfere Konturen zu erzeugen.

MC Monochrom

Die Bilder werden mit angepassten Werten in Schwarz-Weiß oder einer eingestellten Tonung dargestellt. Auch das Verwenden von kamerainternen Filtern bei Schwarz-Weiß-Aufnahmen ist möglich.

PT Porträt

Schwächt Kontraste im Bild ab und sorgt für eine ausgewogene und natürliche Farbgebung bei Hauttönen.

LS Landschaft

Ermöglicht dynamische Landschaftsbilder und Städtansichten.

Es folgt eine Serie von Vergleichsaufnahmen mit den Bildoptimierungseinstellungen *Standard* bis *Landschaft*. Die Bilder wurden nacheinander im Format *JPEG Fine* bei ISO 100 aufgenommen und mit identischen Einstellungen ausgegeben. Drucktechnisch bedingt fallen die Unterschiede hier geringer aus als in einer Bildschirmansicht.

Kapitel 2 – *Optimale Kameraeinstellungen*

Von oben links nach unten rechts Bildoptimierungseinstellung: *Standard* (SD), *Neutral* (NL), *Brillant* (VI), *Monochrom* (MC), *Porträt* (PT), *Landschaft* (LS).

Schnelleinstellung

Diese Anpassungsmöglichkeit beeinflusst gleichzeitig die Scharfzeichnung, den Kontrast und die Farbsättigung eines Bildes. Sie können zwischen den Werten *-2* und *+2* auswählen, um die Wirkung abzuschwächen oder zu verstärken. Die *Schnelleinstellung* steht für die Konfigurationen *Neutral* und *Monochrom* nicht zur Verfügung.

Scharfzeichnung

Die Bildschärfe wird entsprechend der jeweiligen Auswahl durch eine Anhebung oder Reduzierung der Kantenschärfe beeinflusst. Die Automatik *A* bringt im Allgemeinen gute Ergebnisse, wenn die Bilder jedoch einheitlich sein sollen, beispielsweise bei einer Bildserie, empfiehlt sich die Festlegung durch eine bestimmte Auswahl der Optionen *0* bis *9*. Nach einer Änderung wird die vorherige Einstellung durch einen Unterstrich auf der Skala markiert.

Bilder, die mit einem Bildbearbeitungsprogramm weiterverarbeitet werden sollen, können auch dort noch nachträglich geschärft werden, dazu sollte aber die Scharfzeichnung in der Kamera heruntergesetzt werden. Grundsätzlich empfiehlt sich die Verwendung der Standardeinstellung (Position 3).

> **Programmautomatiken**
>
> Die Automatiken der D3200 erzielen im Regelfall sehr gute Ergebnisse, sollten aber bei Bildserien, deren Einzelbilder eine identische Darstellung aufweisen müssen, deaktiviert werden; stattdessen sollte eine festgelegte Einstellung verwendet werden.

Kontrast

Beeinflusst den Bildkontrast mit der Einstellungsmöglichkeit A (Automatik) oder Werten zwischen –3 und +3. Bei hohen Bildkontrasten sollte dieser reduziert werden (Minuswerte), um eine bessere Zeichnung ohne Verluste von Bilddetails zu erzielen. Bei geringen Bildkontrasten kann die Einstellung angehoben werden (Pluswerte), dadurch wird die Detailzeichnung verstärkt.

Helligkeit

Beeinflusst die Bildhelligkeit mit Werten zwischen –1 und +1. Die Aufnahmen werden entsprechend dunkler oder heller wiedergegeben, ohne die Belichtungseinstellung zu beeinflussen.

Farbsättigung

Passt die Intensität der Farbwiedergabe an. Einstellbar zwischen A (Automatik) und den Werten –3 bis +3. Höhere Werte erhöhen die Farbsättigung und damit auch die Brillanz Ihrer Aufnahmen.

Farbton

Mit dieser Option verschieben Sie die Farbwerte eines Bildes zwischen –3 und +3. Negative Werte verschieben Rottöne zu Violett, Blautöne zu Grün und Grüntöne zu Gelb. Positive Werte verschieben Rottöne zu Orange, Grüntöne zu Blau und Blautöne zu Violett. Geben Sie Ihre Fotos direkt und ohne Nachbearbeitung aus, kann eine Anwendung sinnvoll sein. Möchten Sie Ihre Fotos in Photoshop oder einem anderen hochwertigen Bildbearbeitungsprogramm digital nachbearbeiten, können Sie die Farbanpassung auch noch nachträglich am Computer vornehmen. Arbeiten Sie mit der Bildaufzeichnung im NEF-(RAW-)Format, ist diese Anpassung prinzipiell nicht erforderlich.

Filtereffekte

Die Einstellung *Filtereffekte* simuliert das Anwenden von Farbfiltern in der Schwarz-Weiß-Fotografie. Die Standardeinstellung ist *Aus* (*OFF*). Zur Anpassung stehen die Filter *Y* (Gelb), *O* (Orange), *R* (Rot) und *G* (Grün) zur Verfügung. Die Bildwirkung ist dabei abhängig von den im Motiv enthaltenen Farben. Grundsätzlich gilt, dass die gleichen Farben wie die des Filters heller werden und komplementäre Farben dunkler erscheinen. Der Effekt fällt dabei etwas stärker aus als bei einer klassischen Filteranwendung in der Schwarz-Weiß-Fotografie.

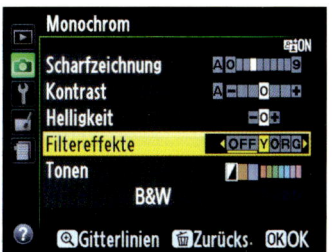

Einstellung der *Filtereffekte*. Zur Verfügung stehen Aus, Gelb, Orange, Rot und Grün.

Tonen

Mit dieser Einstellung tonen Sie Ihre monochromen Bilder mit den Tonungen *Sepia, Cyanotype, Red, Yellow, Green, Blue Green, Blue, Purple Blue* und *Red Purple*. Für jede Farbgebung steht zudem eine Anpassung der Intensität in sieben Stufen zur Verfügung. Die Standardeinstellung ist Stufe 4.

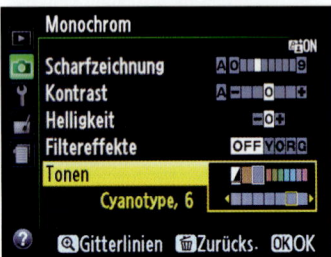

Auswahl von *Monochrom/Tonen*, hier auf *Cyanotype* Stärke 6 gestellt.

Das Aufnahmebeispiel in Farbe. Picture-Control-Einstellung *SD*.

Rechts: von links oben nach rechts unten: Farbgebung *Sepia, Cyanotype, Red, Yellow, Green, Blue Green, Blue, Purple Blue, Red Purple*.

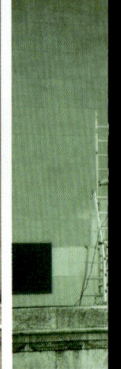

Bildqualität

Dieser Menüpunkt im *Aufnahme*-Menü beinhaltet die Einstellungen der zur Aufzeichnung verwendeten Bildqualität. Alternativ kann eine Einstellung auch über den Monitor – Auswahl mit dem Multifunktionswähler nach Drücken der Info-Taste – vorgenommen werden. Die Untermenüs werden mithilfe der OK-Taste aufgerufen.

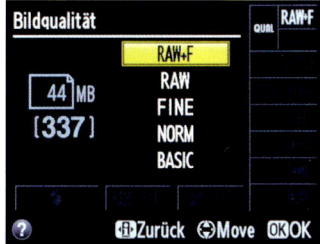

Auswahl der Bildqualität über die Einstellungsansicht auf dem Monitor mit Drücken der Info-Taste. Mit der OK-Taste wird das Untermenü aufgerufen und die Einstellung bestätigt. Links im Fenster wird die benötigte Speicherplatzgröße für ein Bild und die Anzahl der damit verbleibenden Aufnahmen angezeigt.

Bildgröße

Hierüber erfolgt die Einstellung der zu verwendenden Bildgröße bei einer Aufzeichnung im JPEG-Format. Alternativ können Sie die Einstellung auch durch Drücken der Info-Taste und Auswahl mit dem Multifunktionswähler vornehmen. Zur Wahl stehen die Optionen *L*, *M* und *S*. Im RAW-Format wird stets die maximale Bildgröße (6.016 x 4.000 Pixel) verwendet.

Bei der Auswahl der passenden Option sollten Sie berücksichtigen, welche weitere Verwendung die aufgenommenen Bilder finden. Werden sie ohnehin nur klein oder auf einem Bildschirm wiedergegeben, darf auch eine geringere Bildgröße verwendet und/oder eine Aufzeichnung mit einem höheren Komprimierungsfaktor der JPEG-Datei genutzt werden (*Norm* oder *Basic*). Das spart Speicherplatz. Ist die Ausgabe noch unbestimmt oder besteht die Absicht, die Fotos später sehr groß und mit hoher Qualität auszugeben, sollte besser die maximale Bildgröße *L* und *JPEG Fine* oder noch besser das Format *NEF (RAW)* zur Bildaufzeichnung verwendet werden.

Bildqualität	Qualitätsstufe
RAW+F	Aufzeichnung im RAW-Format und zusätzlich im JPEG-Format Fine.
RAW	Aufzeichnung im 12-Bit-RAW-Format. Maximale Bildqualität ohne Bearbeitungsverluste. Zur Bildwiedergabe und Bearbeitung auf einem Computer ist ein RAW-Konverter wie z. B. Capture NX 2 oder mindestens das mitgelieferte ViewNX2 erforderlich. Im Menü *Bildbearbeitung* der Kamera können ebenfalls JPEG-Kopien der RAW-Aufnahmen erstellt werden.
FINE	Hohe Bildqualität, Komprimierungsfaktor 1 : 4.
NORM	Mittlere Bildqualität, Komprimierungsfaktor 1 : 8.
BASIC	Niedrige Bildqualität, Komprimierungsfaktor 1 : 16.

Option	Bildgröße	MByte	Ausdruckgröße (ca.)
L	6.016 x 4.000 Pixel	68,8	bei 300 dpi: 50,94 x 33,87 cm
M	4.512 x 3.000 Pixel	38,7	bei 300 dpi: 38,2 x 25,4 cm
S	3.008 x 2.000 Pixel	17,2	bei 300 dpi: 25,47 x 16,93 cm

Vergleich der unterschiedlichen Bildgrößen, Aufzeichnung im Format JPEG, von links nach rechts: *L*, *M* und *S*. Proportional verkleinerte Ansichten bei gleicher Ausgabeauflösung.

Kapitel 2 – *Optimale Kameraeinstellungen*

Vergleich der Bildqualität bezüglich der Aufzeichnungseinstellungen. Der linke Ausschnitt wurde mit der Bildgröße *L* in *FINE* aufgezeichnet, der rechte Ausschnitt mit *S* in *BASIC*. Beide Ausschnitte zeigen eine geringe Scharfzeichnung. Die Unterschiede in der Detailzeichnung und in den Farbverläufen sind deutlich zu sehen.

Weißabgleich

Der Weißabgleich dient der Anpassung der Farbwiedergabe an die vorherrschende Farbtemperatur. Eine individuelle Anpassung steht nur in den Betriebsarten bzw. Aufnahmemodi *P*, *S*, *A* und *M* zur Verfügung. Die anderen Programme (Motivprogramme) verwenden die Einstellung *Automatisch*.

Festlegen der *Weißabgleich*-Einstellungen. Reihenfolge der Menüs nach Aufruf mit dem Multifunktionswähler.

Der Weißabgleich kann auch mit der Info-Taste und dem Multifunktionswähler eingestellt werden. Bei Speicherung der Bilddaten im RAW-Format kann die Einstellung üblicherweise auf *Automatisch* belassen werden, da eine genaue Farban-

37

Kapitel 2 – *Optimale Kameraeinstellungen*

passung noch später bei der Bildumwandlung in ein ausgabefähiges Datenformat vorgenommen werden kann. Ist ein absolut identischer Weißabgleich erforderlich (z. B. für eine Bildserie), verwenden Sie besser eine vorgegebene Einstellung. Mit der manuellen Weißabgleichseinstellung *PRE* kann eine vorhandene Farbtemperatur gemessen und aufgezeichnet sowie für die weiteren Aufnahmen verwendet werden. Eine zusätzliche Feinabstimmung kann bei jeder Weißabgleichseinstellung (ausgenommen *PRE*) vorgenommen werden. Dabei wird die Farbwiedergabe anhand des Farbkreises durch Verschieben des Mittelpunkts mit dem Multifunktionswähler stufenweise angepasst.

AUTO *Automatisch* – die Kamera nimmt den Weißabgleich automatisch vor. Diese Einstellung ist für die meisten Aufnahmesituationen geeignet.

 Kunstlicht – für Aufnahmen bei künstlicher Beleuchtung (Glühlampenlicht).

 Leuchtstofflampe – im Untermenü kann noch die Art der Leuchtstofflampe ausgewählt werden (dazu stehen sieben weitere Einstellungen zur Verfügung).

 Direktes Sonnenlicht – Aufnahmen am Tag bei direkter Sonneneinstrahlung.

 Blitzlicht – bei Aufnahmen mit dem integrierten oder einem externen Blitzlicht.

 Bewölkter Himmel bei Tageslichtaufnahmen und bedecktem Himmel.

 Schatten – bei Tageslichtaufnahmen im Schattenbereich.

PRE *Eigener Messwert* – manuelle Ermittlung der Farbtemperatur oder Übernahme der Werte von einem bereits gespeicherten Bild.

48 mm • 1/250 s • f/4,0 • ISO 360

Der Weißabgleich ist entscheidend für die jeweilige Bildstimmung. Die Aufnahmen dieser Schaufensterauslage wurden oben mit dem automatischen Weißabgleich und unten mit der Weißabgleichseinstellung *Schatten* erstellt.

ISO-Empfindlichkeitseinstellung

Eine Anpassung der ISO-Empfindlichkeit kann bei den Betriebsarten *P, S, A* und *M* zwischen ISO 100 und ISO 6400 sowie Hi1 – entspricht ISO 12800 – vorgenommen werden. Bei den Motivprogrammen wird als Standardeinstellung eine Automatik (*Automatisch*) verwendet. Dabei wird die Empfindlichkeit entsprechend der Programmwahl und den Beleuchtungsumständen automatisch angepasst.

Eine spezifische Einstellung der ISO-Automatik wie in den Aufnahmeprogrammen *P, S, A* und *M* ist hier jedoch nicht möglich. Eine feste Empfindlichkeit kann jedoch auch in den Motivprogrammen (ausgenommen *AUTO* und *Blitz aus*) durch Aufruf der Einstellungen festgelegt werden. Drücken Sie dazu auf der Kamerarückseite die Info-Taste und wählen Sie das Einstellungsmenü mit dem Multifunktionswähler aus.

Auswahl der *ISO-Empfindlichkeits-Einst.*: Der Zugriff auf diese Optionen kann auch über die Monitoreinstellungen und die Info-Taste mit dem Multifunktionswähler erfolgen.

Für die ISO-Automatik kann in den Aufnahmeprogrammen *P, S, A* und *M* die *Maximale Empfindlichkeit* und die längste zu verwendende Belichtungszeit (*Längste Belichtungszeit*) eingestellt werden. Durch diese Belichtungszeitvorgabe wird festgelegt, ab wann die ISO-Automatik zur Anwendung kommt. Ist eine Belichtung mit den vorhandenen Einstellungen möglich, wird die ISO-Automatik nicht genutzt. Erst wenn die Aufnahmevorgaben nicht mit dem voreingestellten ISO-Wert erreichbar sind, setzt die ISO-Automatik ein.

Für die längste zu verwendende Belichtungszeit kann auch die Option *AUTO* ausgewählt werden. Dabei berücksichtigt die Kamera das jeweils verwendete Objektiv und setzt eine Belichtungszeit passend zur aktuellen Brennweite ein.

Einstellung der ISO-Automatik über das Menü. Dazu muss diese zunächst eingeschaltet werden. Diese Funktion ist nur für die Aufnahmeprogramme *P, S, A* und *M* verfügbar.

ISO-Automatik einsetzen

Beim Einsatz der ISO-Automatik passt die Kamera die Lichtempfindlichkeit den jeweiligen Aufnahmebedingungen an, um so eine optimale Belichtung zu erhalten – mit dem Vorteil, dass in den meisten Aufnahmesituationen bei einer bestimmten Belichtungszeit und Blendeneinstellung fotografiert werden kann. Allerdings ist bei einer erhöhten Empfindlichkeit auch mit zunehmendem Bildrauschen zu rechnen. Im Sucher wird *ISO-AUTO* und auf dem Display *ISO-A* angezeigt. Diese Anzeigen leuchten auf, wenn die ISO-Automatik zur Anwendung kommt.

Active D-Lighting

Das *Active D-Lighting* bewirkt eine Korrektur der Bildaufzeichnung bei erhöhten Kontrasten und optimiert den Dynamikumfang einer Aufnahme. Die Funktion hat ähnliche Auswirkungen wie eine automatische Tonwertkorrektur und verbessert die Detailzeichnung in ansonsten zu hellen oder zu dunklen Bildbereichen durch eine spezielle, dem jeweiligen Motiv angepasste Bildberechnung.

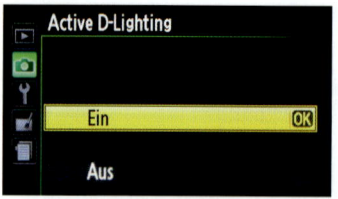

Menüeinstellung zum *Active D-Lighting*.

Sie können zwischen den Einstellungsmöglichkeiten *Ein* und *Aus* wählen. Beim *Active D-Lighting* wird ein automatischer Kontrastausgleich zusammen mit der jeweiligen Bildaufzeichnung ermöglicht, dies kann bei Serienaufnahmen auch zu einer Reduzierung der Bildrate führen. In den Motivprogrammen ist das *Active D-Lighting* immer eingeschaltet, abschalten können Sie es nur in den Betriebsarten *P, S, A* und *M*. Diese Anwendung kann auch der Fn-Taste in Verbindung mit dem Einstellrad zugewiesen werden (*System*-Menü/*Tastenbelegung*).

58 mm • 1/320 s • f/5,0 • ISO 100

Vergleichsaufnahmen ohne und mit *Active D-Lighting*: oben: *Aus*, unten: *Ein*.

Die Bildspeicherung wird durch Einschalten dieser Funktion etwas verlangsamt. Bei schnellen Bildfolgen kann das auch zu einer Verzögerung der Auslösung führen. Um das *Active D-Lighting* in den Aufnahmeprogrammen *P, S, A* und *M* optimal anzuwenden, sollte für die Belichtungsermittlung die Matrixmessung verwendet werden. Die Anwendung basiert auf einer automatischen Funktion und kann je nach Motiv unterschiedlich ausfallen.

Kapitel 2 – *Optimale Kameraeinstellungen*

Auto-Verzeichnungskorrektur

Diese Einstellung ermöglicht eine automatische Korrektur von Verzeichnungsfehlern, die durch das jeweilige Objektiv verursacht werden. Für Filmaufnahmen steht diese Funktion nicht zur Verfügung. Mit der Option *Ein* werden tonnen- oder kissenförmige Verzeichnungen, die von der Kamera erkannt werden, automatisch ausgeglichen. Das kann jedoch zu einer Beschneidung der im Sucher sichtbaren Bildränder und zu einer verlangsamten Speicherung führen. Dazu sollten Objektive vom Typ G oder D verwendet werden. Eine vollständige Korrektur ist damit jedoch nicht gewährleistet.

Im Menü *Bildbearbeitung* kann eine Verzeichnungskorrektur ebenfalls automatisch (falls noch nicht erfolgt) oder manuell auch noch nachträglich durchgeführt werden. Dabei wird immer eine Kopie der Originalaufnahme erstellt.

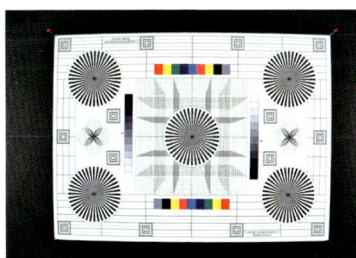

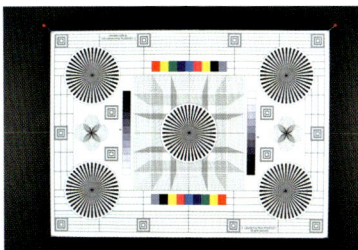

Anwendung der Option *Auto-Verzeichniskorrektur*, oben ohne, unten mit Korrektur.

Farbraum

Zur Auswahl stehen die Farbräume *sRGB* und *Adobe RGB*. Der optimale Farbraum ist von der weiteren Verwendung Ihrer Fotos abhängig. Aufnahmen, die nicht oder nur geringfügig bearbeitet werden sollen, sowie Aufnahmen, die als Foto ausgegeben oder nur auf dem Bildschirm angezeigt werden, sollten im Farbraum *sRGB* aufgenommen werden. Damit erscheinen die Farben in der Regel brillanter, und eine Bildbearbeitung ist nahezu an jedem Monitor möglich.

Fotos, die einer umfassenden Bildbearbeitung bedürfen und später für den professionellen Druck vorgesehen sind, sollten im Farbraum *Adobe RGB* aufgenommen werden. Dieser Farbraum umfasst einen größeren Farbbereich, benötigt aber zur optimalen Bearbeitung auch einen auf diesen Farbraum abgestimmten Monitor.

AF-Messfeldsteuerung

Die von der Kamera verwendete Messfeldsteuerung ist besonders wichtig für die Funktion des Autofokus. Dabei gibt es zwei Gruppen von Anpassung: zum einen die für den Sucher und zum anderen die für die Live-View-Funktion und die Aufzeichnung von Filmen. Eine Anpassung kann für alle Aufnahmeprogramme erfolgen. Zur schnellen Auswahl können Sie auch die Info-Taste verwenden.

Integriertes AF-Hilfslicht

Das AF-Hilfslicht dient nicht nur zur Verbesserung der Scharfstellung durch den Autofokus bei schlechten Lichtverhältnissen, sondern wird auch dazu genutzt, den sogenannten Rote-Augen-Effekt beim Fotografieren mit Blitzlicht zu mindern. Allerdings wird die zu fotografierende Person durch das damit verbundene Aufleuchten des AF-Hilfslichts vor der eigentlichen Aufnahme auch vorgewarnt. Deshalb kann es gelegentlich besser sein, bei Blitzaufnahmen die roten Augen in Kauf zu nehmen. Im Menü *Bildbearbeitung* der D3200 findet sich zudem ein spezielles Werkzeug, um diese roten Augen wieder zu entfernen.

Belichtungsmessung

Während für die über das Funktionswählrad einstellbaren Motivprogramme die Belichtungssteuerung nicht verändert werden kann, ist das in den Betriebsarten *P*, *S*, *A* und *M* möglich. Standardmäßig sind auch diese Programme auf die Matrixmessung eingestellt, es kann jedoch auf eine mittenbetonte Messung oder eine Spotmessung umgeschaltet werden. Der schnelle Zugriff auf eine Umstellung ist bei diesen Programmen auch über die Info-Taste möglich.

Videoeinstellungen

Hier können Sie die zu verwendende *Bildgröße/Bildrate* festlegen. Dabei stehen die Einstellung 1.920 x 1.080 mit 24, 25 oder 30 Bildern pro Sekunde und die Einstellung 1.280 x 720 in zwei verschiedenen Varianten zur Verfügung. Es kann dabei unter den Optionen mit 50 oder 60 Bildern pro Sekunde gewählt werden. Die Verfügbarkeit der Bildrate ist aber auch von der Vorgabe unter *Videonorm* im *System*-Menü abhängig. Für Deutschland ist hier normalerweise die Einstellung *PAL* erforderlich. Als kleinstes Format ist die Einstellung 640 x 424 mit 25 oder 30 Bildern pro Sekunde möglich. Für jedes Format ist eine maximale Aufzeichnungslänge von 20 Minuten verfügbar. Eine weitere Option ermöglicht die Auswahl der *Bildqualität* zwischen *Hohe Qualität* und *Normal*.

Neben der Bildqualität ist auch das Aufnehmen eines Originaltons möglich. Das eingebaute Mikrofon nimmt in Mono auf, für eine Stereoaufnahme ohne Kamerageräusche benötigen Sie jedoch ein externes Mikrofon.

Die *Manuelle Videoeinstellung* bezieht sich auf die Kamerafunktionen im Aufnahmeprogramm *M*. Mit *Ein* wird die manuelle Einstellung der Belichtungszeit und der ISO-Empfindlichkeit ermöglicht. Die Belichtungszeitvorgabe für die längste mögliche Belichtungszeit ist dabei von der gewählten Bildrate abhängig: 1/30 Sekunde bei Bildraten von 24, 25 oder 30 Bildern pro Sekunde, 1/50 bei 50 Bildern pro Sekunde. Die Einstellung der ISO-Empfindlichkeit bleibt dabei auf den zuvor gewählten Wert fixiert, auch wenn die ISO-Automatik aktiviert ist.

Integriertes Blitzgerät

Eine Auswahl der Anpassungsoptionen ist nur bei Verwendung der Aufnahmeprogramme *P*, *S*, *A* und *M* möglich. Bei den Motivprogrammen können Sie nichts ändern. Hier wird immer die automatische Blitzbelichtungssteuerung auf i-TTL-Basis verwendet.

Die Einstellungsmöglichkeiten bei den Programmen *P*, *S*, *A* und *M*, für das integrierte Blitzlicht beschränken sich auf die Funktion i-TTL, dabei wird das reflektierte Licht über das Objektiv von der Kamera gemessen und die zur Belichtung erforderliche Helligkeit automatisch angepasst. Auch das vorhandene Licht wird bei dieser Messung berücksichtigt. Außerdem ist noch eine manuelle Einstellung vorhanden. Bei der manuellen Blitzbelichtung wird die Intensität stufenweise geregelt. Die

Leistungsabgabe basiert auf der Leitzahl 13 bei ISO 100 und ist in folgenden Stufen einstellbar: volle Leistung (1:1) oder eine leistungsreduzierte Helligkeitsabgabe mit 1/2, 1/4, 1/8, 1/16, 1/32.

System: grundlegende Einstellungen

Grundlegende Kameraeinstellungen nehmen Sie im *System*-Menü vor.

Zurücksetzen

Mit der Auswahl von *Ja* werden die vorgenommenen Anpassungen in diesem Menü wieder auf die werkseitigen Standardvorgaben zurückgesetzt. Nicht zurückgesetzt werden dabei jedoch die Einstellungen unter *Videonorm*, *Zeitzone und Datum*, *Sprache (Language)* und *Ordner*. Eine Sicherheitsabfrage gibt es hier nicht.

Speicherkarte formatieren

Die eingesetzte Speicherkarte wird formatiert. Dabei werden alle gespeicherten Bilder, auch geschützte, unwiderruflich gelöscht. Wichtig bei der Verwendung neuer Speicherkarten ist, dass Sie diese vor dem ersten Einsatz immer zuerst in der Kamera formatieren. Damit ist die einwandfreie Funktion der Speicherkarte gewährleistet.

Monitorhelligkeit

Es stehen Einstellungsoptionen für die Helligkeit des Kameramonitors in sieben Stufen von -3 bis +3 (hellste Einstellung) zur Verfügung. Dabei wird lediglich die Darstellung von Bildern auf dem Monitor verändert, die Belichtung des Bildes wird davon nicht beeinflusst.

Anzeige der Aufnahmeinformationen

Hier wird die Anzeigedarstellung für die Aufnahmeinformationen festgelegt. Für die Aufnahmemodi *P*, *S*, *A* und *M* und die Motivprogramme können jeweils unterschiedliche Einstellungen gewählt werden. Auswählen können Sie zwischen den Darstellungen *Grafisch* und *Klassisch*, dazu stehen noch unterschiedliche Farben zur Verfügung.

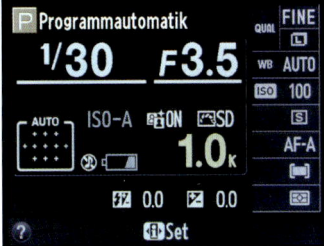

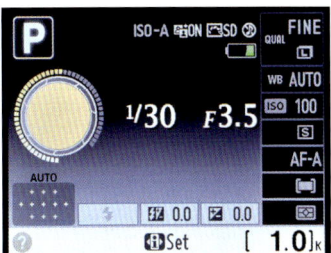

Verschiedene Darstellungsarten der Informationsanzeige auf dem Kameramonitor.

Info-Automatik

Die Option *Ein* bewirkt die Anzeige der Aufnahmeinformationen auf dem Monitor nach jedem Loslassen des Auslösers. In dieser Einstellung kann die Info-Taste auch zum Abschalten der Monitoransicht genutzt werden. Bei *Aus* werden die Aufnahmeinformationen erst nach Drücken der Info-Taste angezeigt.

Bildsensor-Reinigung

Diese Funktion dient der Reinigung des Tiefpassfilters vor dem Sensor und der Festlegung einer automatisch von der Kamera durchgeführten Reinigung. Dabei stehen die Optionen *Jetzt reinigen* und unter *Beim Ein/Ausschalten rein.* die Optionen *Beim Einschalten reinigen*, *Beim Ausschalten reinigen*, *Beim Ein & Ausschalten reinigen* und *Sensorreinigung deaktiviert* zur Auswahl.

Das gleichzeitige Benutzen eines der Kamerabedienelemente bewirkt die Beendigung des Reinigungsvorgangs. Mehrmaliges Reinigen hintereinander kann auch zur vorübergehenden Deaktivierung dieser Funktion führen, um die Elektronik der Kamera zu schützen.

Inspektion/Reinigung

Die Funktion *Inspektion* dient der manuellen Reinigung des Tiefpassfilters vor dem Sensor. Beachten Sie hierbei unbedingt, dass alle Elemente im Inneren der Kamera höchst empfindlich sind und keinesfalls mit den Fingern berührt werden dürfen. Absolut empfehlenswert ist es daher, eine erforderliche Reinigung in einer Nikon-Fachwerkstatt vornehmen zu lassen.

Videonorm

Hier wird die länderspezifische Videonorm zum Anschluss der Kamera an ein Fernsehgerät ausgewählt. Zur Wahl stehen die Einstellungen *NTSC* und *PAL*. In Deutschland und den meisten Ländern Europas ist *PAL* erforderlich.

HDMI

Mit HDMI (High-Definition Multimedia Interface) kann das zur Ausgabe an einem HDTV-Gerät erforderliche HDMI-Format zuvor ausgewählt werden. Zum Anschluss benötigen Sie ein handelsübliches Kabel vom Typ C.

In einer weiteren Option kann die Gerätesteuerung auf *Ein* oder *Aus* gestellt werden. Mit der Option *Ein* kann anstelle des Kameramenüs auch die Fernbedienung zum HDMI-Gerät bei der Ansicht von Bildern genutzt werden. Das Wiedergabegerät muss dazu HDMI-CEC unterstützen.

Flimmerreduzierung

Diese Funktion kann Flimmern und Streifenbildung bei der Aufnahme mit Live-View und bei Filmaufnahmen beim Gebrauch von Leuchtstofflampen reduzieren. Verwenden Sie die Einstellung *Automatisch*. Falls Sie damit Probleme haben, stellen Sie die jeweils vor Ort verwendete Frequenz manuell ein. In Europa sind das zumeist 50 Hz. Zur weiteren Verminderung eines dennoch entstehenden Flimmerns (motivabhängig) verwenden Sie die Belichtungssteuerung *A* oder *M* mit einer kleineren Blende. Die Flimmerreduzierung ist nicht verfügbar, wenn für die manuelle Videoeinstellung (Menü *Aufnahme/Videoeinstellungen*) die Option *Ein* ausgewählt wurde.

Zeitzone und Datum

Darunter fällt die Einstellung von Zeitzone, Datum und Uhrzeit sowie Datumsformat und Sommerzeit.

Bildkommentar

Mit dieser Funktion haben Sie die Möglichkeit, Bildkommentare in Ihre Aufnahmen einzubetten. Der hinzugefügte Kommentar kann in einem Programm wie Nikon Capture NX 2, Nikon ViewNX2 oder einem anderen Programm, das Metadaten darstellen kann, aufgerufen und angesehen werden. Kommentare können bis zu 36 Zeichen enthalten, die mit dem Multifunktionswähler einzeln ausgewählt und mittels OK-Taste eingegeben werden. Um ein Zeichen an der Cursorposition zu löschen, drücken Sie die Papierkorbtaste. Die Cursorposition kann mit dem Einstellrad bestimmt werden. Um dieses Fenster ohne Änderung wieder zu verlassen, drücken Sie die MENU-Taste.

Nach Abschluss der Eingabe drücken Sie die Zoom-in-Taste, aktivieren anschließend die Option *Kommentar hinzufügen* und wählen *Fertig*.

Eingabe eines Bildkommentars, hier in Form eines Urheberrechtsvermerks. Der Kommentar muss anschließend hinzugefügt und mit *Fertig* bestätigt werden.

Automatische Bildausrichtung

Mit der Einstellung *Ein* legen Sie fest, ob die Kamera eine Drehung ins Hochformat als Information in die Fotos einbettet. Bei der Bildwiedergabe in Nikon ViewNX2 oder Nikon Capture NX 2 werden die Bilder dann automatisch richtig gedreht. Andere Programme können diese Bildinformationen jedoch nicht immer nutzen.

Sollen die im Hochformat aufgenommenen Bilder auch auf dem Kameramonitor im Hochformat angezeigt werden, wählen Sie im *Wiedergabe*-Menü die Option *Ein* bei *Anzeige im Hochformat*. Diese Einstellung hat jedoch keinen Einfluss auf die oben genannte Bildorientierung.

Referenzbild (Staub)

Diese Einstellung dient der Erfassung von Referenzdaten für die Staubentfernungsfunktion von Nikon Capture NX 2. Um das Referenzbild verwenden zu können, darf nach der Aufnahme der zu bearbeitenden Bilder und vor Erfassen der Referenzdaten zwischenzeitlich keine Reinigung des Bildsensors vorgenommen werden. Stellen Sie für diese Anwendung die *Bildsensor-Reinigung* zuvor auf *Nicht reinigen*. Die Funktion zur Aufnahme eines Referenzbildes steht nur in Verbindung mit einem prozessorgesteuerten Objektiv (mit CPU) und mindestens 50 mm Brennweite zur Verfügung. Genauere Informationen finden Sie in der zu Capture NX 2 mitgelieferten Dokumentation.

Bei der Anwendung können Sie unter zwei Optionen wählen: *Bild aufnehmen*, dabei wird zunächst eine Meldung zur Anwendung eingeblendet, und *Starten nach Sensorreinigung*, damit wird eine automatische Sensorreinigung durchgeführt, bevor die Referenzaufnahme erstellt werden kann.

	Wiedergabe/ Menüs	Bildkontrolle	Live-View	Stand-by-Vorlaufzeit
(SHORT) Kurz	20 s	4 s	5 min	4 s
(NORM) Normal	1 min	4 s	10 min	8 s
(LONG) Lang	1 min	20 s	20 min	1 min
Benutzerdefiniert	Die Einstellungen können nach Wunsch in einer Liste ausgewählt werden. Danach bestätigen Sie mit *Fertig* und drücken OK.			

Diese zweite Option sollte nicht für die Bearbeitung von bereits zuvor erstellten Aufnahmen verwendet werden.

Ausschaltzeiten

Hiermit wird die automatische Abschaltung der Monitoranzeige festgelegt, es kann zwischen den Optionen *Kurz*, *Normal*, *Lang* und *Benutzerdefiniert* gewählt werden. Um den Akku zu schonen, sind stets kürzere Zeiten zu empfehlen. Ist die Kamera per USB-Kabel mit einem Computer oder Drucker verbunden, schaltet sich der Monitor nicht automatisch ab.

Selbstauslöser

Festgelegt wird die Vorlaufzeit bei Verwendung des Selbstauslösers, wählbar zwischen *2*, *5*, *10* und *20* Sekunden. Die *Anzahl von Aufnahmen* kann zwischen *1* und *9* ebenfalls festgelegt werden. Sind mehrere Aufnahmen gewählt, erfolgt die Auslösung mit einem zeitlichen Abstand von vier Sekunden. Bei Langzeitbelichtungen vom Stativ können Sie den Selbstauslöser auch anstelle eines Fernauslösekabels verwenden.

Wartezeit für Fernauslösung

Mit dieser Einstellung legen Sie fest, wie lange der gewählte Fernsteuerungsmodus aktiv auf Empfang geschaltet bleibt, bis die Kamera die zuvor ausgewählte Aufnahmebetriebsart wiederherstellt. Es stehen die Optionen *1*, *5*, *10* und *15* Minuten zur Verfügung.

Tonsignal

Ein- und Ausschaltoptionen zum Tonsignal, ebenso die Tonhöhe (*Hoch* oder *Tief*) kann hier festgelegt werden. Das Signal ertönt, wenn eine Fokussierung im Einzelautofokus (*AF-S*) oder bei unbewegten Motiven im Modus *AF-A* erfolgt ist. Auch während des Ablaufs des Selbstauslösers und bei einer Fernauslösung werden Töne erzeugt. Um diese Funktionen zu deaktivieren, wählen Sie *Aus*. Bei Aufnahmen in der Betriebsart *Leise Auslösung* (*Q*) und bei Filmaufnahmen ist das Tonsignal immer deaktiviert.

Fokusskala

Mit der Option *Ein* lässt sich die Belichtungsskala im Sucher nutzen, um eine manuelle Scharfstellung vorzunehmen. Nur bei der manuellen Belichtungseinstellung *M* kann diese Option nicht genutzt werden, da hierbei die Skala zur Belichtungsermittlung erforderlich ist. Das Objektiv sollte zur Anwendung mindestens eine Lichtstärke von 5,6 aufweisen. Im Live-View-Betrieb steht diese Funktion ebenfalls nicht zur Verfügung.

Tastenbelegung

Möglichkeiten zur Tastenbelegung an der D3200 mit den Optionen zur Fn-Taste.

Funktionstaste

Die an der linken Seite der Kamera unter der Blitztaste befindliche Fn-Taste ist nach Voreinstellung mit der *ISO-Empfindlichkeit* belegt. Wird die Fn-Taste gedrückt, kann mit dem Einstellrad die ISO-Empfindlichkeit bestimmt werden.

Weitere Möglichkeiten der Belegung sind: Anpassung von *Bildqualität/-größe*, die Auswahl des *Weißabgleichs* und das An- oder Ausschalten des *Active D-Lighting*. Diese Funktion kann jedoch nur in den Aufnahmeprogrammen *P*, *S*, *A* und *M* verwendet werden. Zur Auswahl nach Drücken der Fn-Taste wird immer das Einstellrad verwendet.

AE-L/AF-L-Taste

Einstellungsoptionen zur AE-L/AF-L-Taste.

- **Belichtung & Fokus speichern**: Mit Drücken der Taste werden die Belichtung und der Fokus gespeichert. Die Taste muss dabei bis zur Beendigung der Anwendung festgehalten werden – die Standardvorgabe.

- **Belichtung speichern**: Nur die Belichtung wird gespeichert.

- **Fokus speichern**: Nur die ermittelte Distanz (der Fokus) wird gespeichert.

- **Belichtung speichern ein/aus**: Die Belichtung bleibt so lange gespeichert, bis die Taste erneut gedrückt oder der Belichtungsmesser ausgeschaltet wird.

- **Autofokus aktivieren**: Aktivierung des Autofokus über diese Taste, der Auslöser kann dazu jetzt nicht mehr verwendet werden.

Belichtung speichern mit Auslöser

Mit *Aus* (Standardeinstellung) wird die Belichtung nicht gespeichert. Diese Funktion kann dann nur von der AE-L/AF-L-Taste übernommen werden. Mit der Option *Ein* wird gleichzeitig mit dem Scharfstellungspunkt auch die aktuelle Belichtung gespeichert. Dazu muss der Auslöser am ersten Druckpunkt festgehalten werden.

Auslösesperre

In der Einstellung *Ein* kann der Verschluss der Kamera nur ausgelöst werden, wenn eine Speicherkarte eingesetzt ist. Bei *Aus* kann auch ohne Speicherkarte fotografiert werden. Die Bilder sind jedoch nicht gespeichert, sondern werden lediglich im Demomodus auf dem Bildschirm angezeigt.

Datum einbelichten

Mit dieser Funktion lassen sich Aufnahmedatum und Uhrzeit direkt in die Fotos einbelichten. Auch die Einstellung auf einen bestimmten Zeitraum ist möglich. Bei Aufnahmen im RAW-Format wird jedoch prinzipiell keine Einbelichtung vorgenommen. Wurde eine der möglichen Optionen ausgewählt, wird in den Aufnahmeinformationen das Symbol DATE angezeigt. Die Standardeinstellung ist Aus. Wurde eine Einbelichtung vorgenommen, kann sie nachträglich nicht mehr aus dem Bild entfernt werden.

Ordner

Ordner dienen der Ablage von gespeicherten Aufnahmen. Diese können erstellt, umbenannt und auch wieder gelöscht werden. Für die Bezeichnung sind bis zu fünf Zeichen möglich. Die Texteingabe geschieht analog zum Bildkommentar. Ist ein aktuell genutzter Ordner voll, wird ein weiterer Ordner mit demselben Namen, aber einer fortlaufenden Nummerierung erstellt. Mit Löschen werden leere Ordner entfernt, Ordner mit Bildern darin bleiben jedoch bestehen. Verwenden Sie sehr viele Ordner, kann dies die Einschaltzeit der Kamera verzögern.

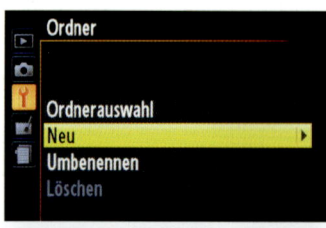

GPS

Hier finden Sie Einstellungen zum Anschluss eines GPS-Empfängers. Mit Aktivieren wird die Kamera nach dem Abschalten des Belichtungsmesssystems verzögert in den Ruhezustand versetzt. Damit hat die Kamera Zeit, die GPS-Daten aufzuzeichnen. Durch Deaktivieren geht die Kamera nicht in den Ruhezustand, solange das GP-1 (der GPS-Empfänger von Nikon) angeschlossen ist. Das kann einen schnelleren Verbrauch der Akkuladung nach sich ziehen. Die Position wird nur angezeigt, wenn das GP-1 an der Kamera angeschlossen ist. Mit der Option Ja für Kamerauhr mit GPS stellen wird die Uhr der Kamera mit der Weltzeit (UTC) synchronisiert.

Eye-Fi-Bildübertragung

Das Symbol für diese Art der Bildübertragung wird nur bei Nutzung der speziellen Eye-Fi-Speicherkarten angezeigt. Dabei handelt es sich um besondere Speicherkarten im SD-Format, die Bilddaten drahtlos an einen PC übertragen können. Eye-Fi-Karten dürfen ausschließlich in dem Land verwendet werden, in dem sie auch käuflich zu erwerben sind. Derzeit sind sie jedoch nur für den US-Markt zugelassen. Wurde eine solche Karte eingesetzt, werden Statusinformationen dazu in den Aufnahmeinformationen angezeigt.

Firmware-Version

Anzeigemöglichkeit der aktuell installierten Version der Kamerasoftware. Eine eventuelle Aktualisierung kann über die Nikon-Homepage und den Anschluss der Speicherkarte an einen Computer vorgenommen werden.

Links: Das Menü Ordner ermöglicht die Erstellung und Auswahl spezieller Ordner zur Bilddatenspeicherung.

Bildbearbeitung: in der Kamera

Die Nikon D3200 verfügt über umfangreiche integrierte Bildbearbeitungsfunktionen, mit denen die von Ihnen erstellten Fotos bereits vor deren Ausgabe bearbeitet werden können. Dabei bleiben die Originalaufnahmen stets unverändert, und ein bearbeitetes Bild wird als Kopie auf der Speicherkarte abgelegt. Bei der Ansicht eines bearbeiteten Bildes auf dem Monitor wird zur besonderen Kennzeichnung dazu das Bildbearbeitungssymbol links oben eingeblendet.

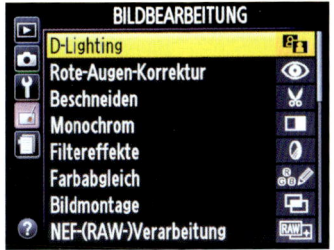

Der Zugriff auf das Menü *Bildbearbeitung* kann auch bei der Bildwiedergabe erfolgen (unteres Fenster). Dazu drücken Sie in der Einzelbildansicht die OK-Taste. Um sich innerhalb der Menüs zu bewegen, verwenden Sie den Multifunktionswähler.

Der Zugriff auf die Bildbearbeitungsoptionen ist über das Menü *Bildbearbeitung* und über die Bildwiedergabeansicht möglich. Bei Letzterem wählen Sie zunächst ein Bild oder einen Film in der Einzelbildansicht aus und drücken dann die OK-Taste. Die gewünschte Bearbeitungsoption kann nun mit dem Multifunktionswähler bestimmt werden. In dem hier erscheinenden Menü *Bildbearbeitung* stehen jedoch nicht alle Möglichkeiten zur Verfügung. Dafür enthält dieses Menü die Option *Bilder vergleichen*, über die bearbeitete Kopien und unbearbeitete Originalbilder miteinander verglichen werden können. Um zur Wiedergabeansicht ohne eine vorgenommene Änderung zurückzukehren, drücken Sie einfach die Wiedergabetaste.

Bearbeitete Bilder werden mit dem Bildbearbeitungssymbol gekennzeichnet und als Kopie mit einer neuen Bezeichnung auf der Speicherkarte abgelegt. Auch die Bezeichnung ändert sich: Statt *_DSC...* wird *_CSC...* angezeigt.

Alle relevanten Bildbearbeitungsoptionen mit Ausnahme der der Option *Bilder vergleichen* stehen Ihnen beim Öffnen des Menüs *Bildbearbeitung* zur Verfügung. Um größere Qualitätsverluste zu vermeiden, kann dieselbe Bearbeitungsauswahl jedoch jeweils nur einmal auf dasselbe Bild (die erstellte Kopie) angewendet werden. Die bereits benutzte Option wird dann bei einem erneuten Aufruf des Menüs *Bildbearbeitung* ausgegraut dargestellt, und eine erneute Anwendung ist nicht mehr möglich.

Wählen Sie im Menü zunächst die gewünschte Option aus und benutzen Sie den Multifunktionswähler, um sich durch die möglichen Einstellungen zu hangeln. Mit Druck auf OK rufen Sie zunächst die Voransicht Ihrer Auswahl auf, zum Speichern drücken Sie erneut die OK-Taste, zum Abbrechen die Wiedergabetaste.

Bearbeitete Bilder werden immer in der gleichen Bildqualität und Größe gespeichert, in der sie zuvor fotografiert wurden, RAW-Bilddaten ausgenommen. Letztere werden im Format *JPEG Fine* und der Bildgröße *L* gespeichert.

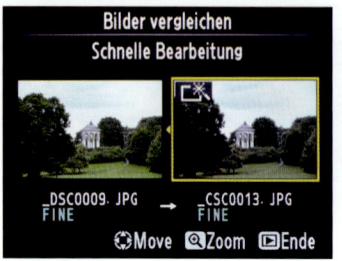

Die Option *Bilder vergleichen* steht nur für bereits bearbeitete Kopien zur Verfügung.

18 mm • 1/250 s • f/5,0 • ISO 100

D-Lighting

Diese Funktion dient der nachträglichen Aufhellung von Schattenbereichen und der Anpassung des Kontrasts. Das ähnelt dem *Active D-Lighting*, dieses wird aber bereits vor der Aufnahme auf das Originalbild angewendet. Bestens geeignet ist diese nachträgliche Optimierung für leicht unterbelichtete und kontrastreiche, im Gegenlicht aufgenommene Bilder. Bilder, die mit der Option *Schnelle Bearbeitung* erstellt wurden, können mit dieser Funktion jedoch nicht nochmals bearbeitet werden. Zur Steuerung der Anpassung können Sie unter den Optionen *Normal*, *Verstärkt* und *Moderat* wählen.

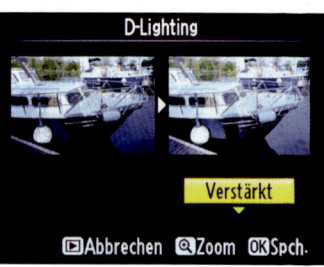

Die Anpassung mit *D-Lighting* ermöglicht einen nachträglichen Kontrastausgleich. Dabei kann unter den Optionen *Normal*, *Moderat* und *Verstärkt* gewählt werden.

Rote-Augen-Korrektur

Diese Bearbeitungsmöglichkeit steht nur für Bilder zur Verfügung, die mit Blitzlicht aufgenommen wurden und in denen das Programm in der Kamera die bei der Aufnahme mit Blitzlicht erzeugten roten

Links: Anwendungsbeispiel für das *D-Lighting*, oben das Originalbild, unten die mit der Option *Verstärkt* bearbeitete Kopie. Die Schatten sind besser durchgezeichnet, allerdings geht bei diesem Motiv auch Substanz in den hellen Bereichen verloren.

Augen auch erkennen kann. Werden von der Kamera keine roten Augen festgestellt, wird der Vorgang mit einer entsprechenden Meldung abgebrochen, und es wird keine Bildkopie erstellt.

Beschneiden

Um Beschneidungen an einem aufgenommenen Bild bereits in der Kamera vorzunehmen, rufen Sie diesen Bildbearbeitungspunkt auf.

Auswahl und Einstellung des Bildausschnitts. Die damit entstehende Bildgröße wird links oben in Pixel angegeben. Das *Seitenverhältnis* wird mit dem Einstellrad bestimmt.

Nach Aufruf der Funktion suchen Sie zunächst mit dem Multifunktionswähler in der Indexansicht das zu bearbeitende Bild aus. Zur Festlegung des Ausschnitts benutzen Sie die Bildindextaste, dabei verkleinert sich der Ausschnitt im Vorschaubild. Mit Drücken der Zoomtaste vergrößert sich der zu kopierende Ausschnitt im Vorschaubild wieder. Um das Seitenverhältnis zu ändern, drehen Sie das Einstellrad. Mit dem Multifunktionswähler verschieben Sie den Bildausschnitt an die gewünschte Position. Ein Druck auf die OK-Taste beschneidet das Bild entsprechend der Anzeige auf dem Monitor und speichert es als Kopie ab.

Je nach gewähltem Seitenverhältnis (3:2, 4:3, 5:4, 1:1 oder 16:9) und Bildausschnitt entstehen unterschiedliche Bildgrößen. Die Bildqualität entspricht dabei dem Ausgangsbild.

Monochrom

Um farbige Aufnahmen direkt in der Kamera in Schwarz-Weiß-Fotos oder in sepiafarben bzw. blau getonte Bilder umzuwandeln, steht Ihnen diese Funktion zur Verfügung. Nach der Auswahl wird auch eine Vorschau des zuvor ausgewählten Bildes angezeigt.

Die Option zum Erstellen von schwarz-weißen oder getonten Bildern, die Auswahl und eine Vorschau des zu tonenden Bildes.

Dabei können die ausgewählten und angezeigten Fotos bei der Auswahl von *Sepia* oder *Blauton* noch in der Farbintensität (*Heller* oder *Dunkler*) mit dem Multifunktionswähler angepasst werden. Für die Ausgabe in Schwarz-Weiß steht keine weitere Anpassungsfunktion zur Verfügung, diese Bilder werden direkt und ohne weitere Einstellungsmöglichkeiten umgewandelt. Wurden die zu bearbeitenden Bilddaten

Monochrom/Sepia – Ausgabe in drei Helligkeitsabstufungen: *Normal, Heller, Dunkler.*

im RAW-Format aufgezeichnet, wird das nun monochrome Bild als Kopie im Format *JPEG Fine* gespeichert.

Filtereffekte

Die D3200 enthält eine Vielzahl von Filtereffekten, die nachträglich auf die erstellten Fotos angewendet werden können. Auch wird dabei immer eine Kopie erstellt, sodass die ursprüngliche Aufnahme weiterhin erhalten bleibt.

Das Menü *Filtereffekte* mit den darin enthaltenen Anwendungen.

Skylight

Dieser Filter dient der Reduzierung zu hoher Blauanteile, erzeugt zumeist durch das vorherrschende Blau des Himmels in einem Foto. Besonders bei Aufnahmen an der See und im Gebirge kann dieser Blauanteil, der besonders in den Schattenbereichen eines Bildes auffällig wird, sehr störend wirken.

Warmer Farbton

Durch diesen Filter werden sämtliche Farbtöne einer Aufnahme in den wärmeren Bereich, also Richtung Rot, verschoben. Zu hohe Blauanteile in den Farben einer Aufnahme wirken kühl, und eine Anpassung in die komplementärfarbige (also gelblich rote) Richtung lässt sie wärmer erscheinen. Auch bei diesem Filter ist eine Beurteilung der Voransicht auf dem kameraeigenen Monitor, beispielsweise im Freien und bei heller Umgebung, äußerst schwierig.

Rotverstärkung, Grünverstärkung, Blauverstärkung

Bei diesen Anwendungen werden im Bild enthaltene Farbtöne der jeweils ausgewählten Grundfarbe verstärkt. Die Anwendung ist dabei in der Intensität zwischen *Heller* und *Dunkler* in drei Stufen einstellbar.

Kapitel 2 – *Optimale Kameraeinstellungen*

Sterneffekt

Dieser Effektfilter erzeugt, wie der bekannte gleichnamige Filter, der jedoch vor das Objektiv gesetzt werden muss, einen Sterneffekt bei den im Bild enthaltenen hellen Spitzlichtern. Dabei ist das Aussehen der Strahlen durch mehrere Optionen regelbar. Bei Aufnahmen, die keine eindeutigen Lichtpunkte (Spitzlichter) enthalten, kann mit diesem Filter auch kein entsprechender Effekt erzielt werden.

Sterneffekt anpassen, dann *Bestätigen* und *Speichern*.

Die Vorgehensweise ist ähnlich wie bei den anderen Filtereffekten. Zunächst wählen Sie mit dem Multifunktionswähler ein für diese Anwendung geeignetes Bild aus. Im nachfolgenden Anpassungsfenster können Sie den Effekt noch beeinflussen, dabei stehen Ihnen zu jeder Anpassung jeweils

62 mm • 1/2 s • f5,3 • ISO 100

Beispielaufnahme mit Anwendung des Sterneffektfilters.

drei Optionen zur Verfügung. So können Sie die Anzahl der Strahlen, die Filterstärke, den Winkel und die Länge der Strahlen selbst bestimmen. Nach der Einstellung markieren Sie *Bestätigen* und drücken auf OK, um die Vorauswahl festzulegen. Erst danach können Sie das bearbeitete Bild speichern.

Weichzeichnung

Dieser Filter bewirkt die Anwendung eines Weichzeichnungseffekts, beispielsweise für Porträtaufnahmen. Mit dem Multifunktionswähler kann zwischen den Einstellungen *Verstärkt*, *Normal* und *Moderat* gewählt

Vergleich einer Aufnahme ohne Weichzeichnung und mit Weichzeichnung in den Einstellungen *Verstärkt*, *Normal* und *Moderat*.

werden. Der Weichzeichnungseffekt eignet sich besonders für Porträts von Frauen und Kindern. Vorhandenes Gegenlicht erzeugt dabei durch Überstrahlung besonders reizvolle Bilder.

Farbabgleich

Dieser Filter ermöglicht Ihnen eine nachträgliche Farbanpassung der gespeicherten Bilder in der Monitoransicht. Hierfür werden zur Bildvorschau die einzelnen Farbkanäle und eine Ansicht des Farbkreises mit angezeigt. Zum Verschieben der Farbanteile benutzen Sie den Multifunktionswähler. Dabei bewegt sich der Punkt im angezeigten Farbkreis in die jeweils gedrückte Richtung. Mit OK bestätigen Sie Ihre Einstellung und speichern zugleich eine Kopie des bearbeiteten Bildes.

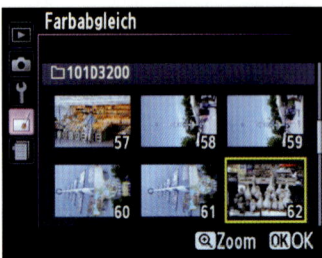

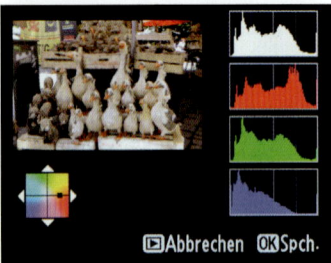

Auswahl und Anpassung eines Bildes mit dem *Farbabgleich*.

Für diese Funktion ist auch eine Ausschnittvergrößerung verfügbar. Die Vorgehensweise entspricht der in der Wiedergabeansicht. Dabei wird auch das Histogramm aktualisiert und zeigt somit die Daten für die Bearbeitung an. Mit der AE-L/AF-L-Taste (Schlüsselsymbol) können Sie zwischen der Zoomfunktion und der Farbanpassung umschalten. Nach dem Umschalten kann der Bildbereich mit der Zoomtaste vergrößert und mit dem Multifunktionswähler auch verschoben werden.

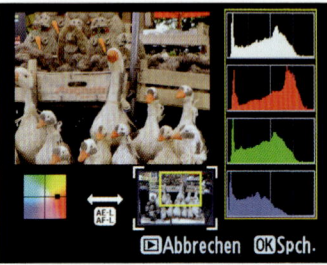

Ansicht mit Anwendung der Zoomfunktion. In dieser Anwendung können die AE-L/AF-L-Taste zum Umschalten, die Zoomtaste zum Vergrößern und der Multifunktionswähler zur Verschiebung des Ausschnitts verwendet werden.

Bildmontage

Diese Option steht nur für Bilder zur Verfügung, die mit der Nikon D3200 im RAW-Format aufgenommen und gespeichert wurden.

Wählen Sie nach Aufruf des Bearbeitungsfensters durch Drücken von OK in dem angezeigten Bildindex mithilfe des Multifunktionswählers das erste Bild für Ihre Montage aus. Es werden in dieser Ansicht nur Bilder angezeigt, die im RAW-Modus gespeichert wurden. Nach Bestätigung Ihrer Auswahl wählen Sie nach derselben Methode das zweite Bild aus. Jedes der zu verwendenden Teilbilder lässt sich nach dem Markieren mit dem Multifunktionswähler in der Deckkraft stufenweise anpassen. Die Grundeinstellung ist *X1.0*. Bei einer Einstellung von *X0.5* wird die Deckkraft halbiert, bei *X2.0* wird sie verdoppelt.

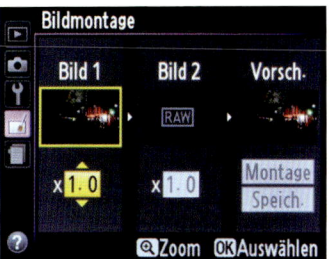

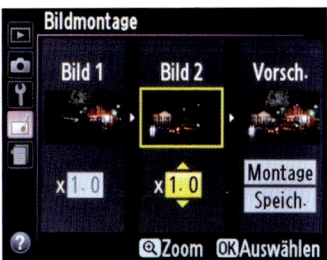

RAW-*Bildmontage*: Auswahl und Anpassung der zu kombinierenden Bilder.

Um die Bildmontage in der Vorschau zu überprüfen, markieren Sie *Montage* und drücken die OK-Taste. Mit der Wahl von *Speich.* und wiederholtes Drücken auf OK speichern Sie das erstellte Bild.

Das Montagebeispiel in der Ausgabe.

26 mm • 1/250 s • f/5,0 • ISO 200

Das Bild vor (oben) und nach der Anpassung mit dem Farbabgleich (unten). Die Originalaufnahme wurde mit dem automatischen Weißabgleich erstellt und wirkt eher kühl. Durch den Farbabgleich wird das Bild wärmer und lebendiger.

21 mm • 0,5 s • f/5,0 • ISO 720

NEF-(RAW-)Verarbeitung

Aufnahmen, die im NEF-Format aufgezeichnet wurden, können mit dieser Option umgewandelt und als Kopien im JPEG-Format gespeichert werden. Dabei haben Sie die Möglichkeit, die gewünschte Ausgabequalität anzupassen und eine Feinabstimmung der Darstellung vorzunehmen. Eine Konvertierung in der Kamera ist besonders dann sinnvoll, wenn die Bilder direkt ausgedruckt oder weitergegeben werden sollen.

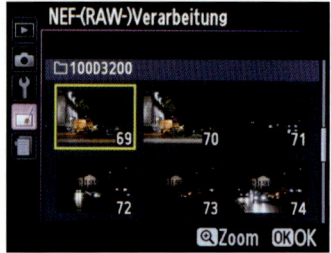

Aufruf, Auswahl und Anpassung eines RAW-Bildes zur Umwandlung in das Ausgabeformat JPEG.

45 mm • 1/8 s • f/5,0 • ISO 6400

Verkleinern

Mit dieser Option können verkleinerte Kopien von gespeicherten Originalfotos erstellt werden. Diese Kopien haben dieselbe Bildqualität wie das Ausgangsbild. Kopien von NEF-(RAW-)Dateien erhalten das Format *JPEG Fine*.

Um die erstellten Kopien im Druck ausgeben zu lassen, ist die Bildqualität zu gering. Dazu sollten Sie besser das jeweilige Originalbild verwenden. Die zur Verfügung stehenden Bildgrößen sind jedoch optimal für eine Verwendung der Bilder im Internet. Zunächst wird im angezeigten Fenster die Bildgröße ausgewählt und erst anschließend das oder die zu verkleinernden Bilder. Es besteht die Möglichkeit, durch eine Markierung mit der Bildindextaste mehrere Bilder gleichzeitig auszuwählen und anschließend in der Größe anzupassen.

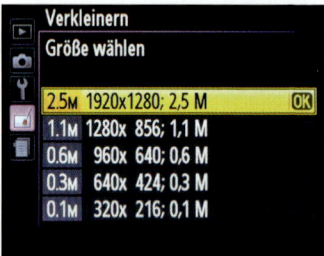

Das in der Kamera bearbeitete Bild im Ausgabeformat.

Kapitel 2 – *Optimale Kameraeinstellungen*

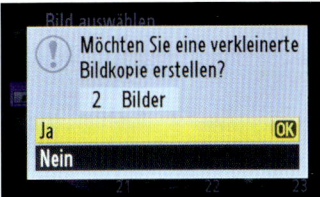

Die Reihenfolge der Menüs beim Verkleinern der Bilder. Die Größenauswahl sollten Sie bereits vor der Bildauswahl vornehmen. Die Bildauswahl wird durch eine Markierung mit der Bildindextaste bestimmt. Dabei wird ein Symbol eingeblendet.

Durch Drücken des Multifunktionswählers nach rechts oder links blättern Sie sich durch die angezeigten Fotos. Markieren Sie die zu verkleinernden Bilder zunächst mit der Bildindextaste. Damit wird ein Symbol in der Vorschau angezeigt. Um die Auswahl wieder aufzuheben, markieren Sie das Bild erneut und drücken nochmals die Bildindextaste. Ihre endgültige Auswahl bestätigen Sie mit der OK-Taste. Nach dem Erscheinen der Sicherheitsabfrage bestätigen Sie die Bearbeitung und Speicherung der Kopien ebenfalls mit OK.

Schnelle Bearbeitung

Die *Schnelle Bearbeitung* dient der Erstellung von Kopien mit erhöhter Farbsättigung und Kontrastanpassung. Dabei wird gegebenenfalls auch die Funktion *D-Lighting* verwendet, um unterbelichtete Motive oder Gegenlichtaufnahmen aufzuhellen. Mit dem Multifunktionswähler stellen Sie den gewünschten Wert ein. Zur Auswahl stehen die Optionen *Normal*, *Moderat* und *Verstärkt*. Mit Druck auf die OK-Taste wird die Kopie erstellt und gespeichert.

Anpassung eines Bildes mit der Funktion *Schnelle Bearbeitung*. Die damit erzielbare Auswirkung ist stark vom jeweiligen Motiv und dessen Belichtung abhängig.

Ausrichten

Mit dieser Funktion lassen sich Bilder mit dem Multifunktionswähler um bis zu 5 Grad in Schritten von 0,25 Grad im Uhrzeigersinn oder entgegen dem Uhrzeigersinn drehen. Der Bildrand wird dabei beschnitten. Die Anwendung eignet sich zum Ausrichten des Horizonts. Zum Ausgleich perspektivischer Verzeichnungen (stürzenden Linien) ist sie jedoch nicht geeignet. Mit OK speichern Sie eine Kopie des Bildes, mit Druck auf die Wiedergabetaste brechen Sie die Aktion ab.

Die Drehung des Bildes erfolgt durch Verschieben des unten angezeigten Reglers. Dazu verwenden Sie den Multifunktionswähler.

Verzeichnungskorrektur

Diese Funktion dient der Erstellung von Kopien mit reduzierter Verzeichnung. Dabei kann eine tonnen- oder kissenförmige Verzeichnung des jeweils verwendeten Objektivs ausgeglichen werden. Die Option *Automatisch* kann für Aufnahmen verwendet werden, die – mit Ausnahme einiger bestimmter Objektive – mit Objektiven vom Typ G oder D erstellt wurden. Eine entsprechende Liste finden Sie auf den Webseiten von Nikon. Für andere Objektive ist diese Funktion nicht garantiert.

Mit der Option *Manuell* kann eine Verzeichnungsanpassung nach visueller Beurteilung vorgenommen werden. Bei Anwendung der *Verzeichnungskorrektur* werden jedoch auch die Bildränder beschnitten. Die Einstellung erfolgt mit dem Multifunktionswähler. Mit Druck auf OK fertigen Sie eine Kopie an, mit Drücken der Wiedergabetaste brechen Sie die Aktion ab.

Manuelle *Verzeichnungskorrektur* durch Verschieben des unten angezeigten Reglers. Beim Ausgangsbild steht der Regler in der Mitte. Wird er nach links geschoben, wird eine Wölbung nach außen erzeugt, nach rechts geschoben, entsteht eine Wölbung nach innen.

Fisheye

Per *Fisheye* erstellen Sie Bildkopien mit Fischaugeneffekt. Mit dem Multifunktionswähler lässt sich die Bildwirkung steigern oder auch reduzieren. Mit zunehmender Steigerung des Effekts werden auch die Bildränder immer stärker beschnitten. Mit Druck auf OK fertigen Sie eine Kopie an, mit Drücken der Wiedergabetaste brechen Sie die Aktion ab.

Auswahl und Anpassung des Fisheye-Effekts mithilfe des unten angezeigten Reglers.

Farbkontur

Die Erzeugung von Bildkonturen, basierend auf den im Bild vorhandenen Farben und Kontrasten, ist ein neuer Effekt und ermöglicht abstrahierte Bilder, die beispielsweise als Ausgangsmaterial für Gemälde geeignet sind. Die Auswahl erfolgt wie gehabt mithilfe des Multifunktionswählers.

Farbzeichnung

Damit lassen sich Bildkopien im Stil einer Buntstiftzeichnung erstellen. *Farbsättigung* und *Konturen* sind mittels des Multifunktionswählers in der Intensität und Stärke anpassbar.

Kapitel 2 – *Optimale Kameraeinstellungen*

32 mm • 1/500 s • f/5,0 • ISO 100

Beispielfoto mit Fisheye-Effekt. Dieser Effekt ähnelt einer echten Fisheye-Aufnahme, ist aber dennoch nicht mit einer solchen zu vergleichen.

Erstellen einer *Farbkontur*: Auswahl des Ausgangsbildes und Ansicht des Ergebnisses.

Kapitel 2 – *Optimale Kameraeinstellungen*

Bildvorlage, Bearbeitung und Ausgabe einer Farbzeichnung.

Perspektivkorrektur

Diese Bildbearbeitungsoption eignet sich zum Reduzieren oder gar Entfernen von sogenannten stürzenden Linien im Bild. Diese entstehen bei Aufnahmen aus extremen Perspektiven durch Neigen der Kamera, beispielsweise von unten nach oben oder aus einer seitlichen Ansicht heraus. Zum Einsatz kommt auch hier wieder der Multifunktionswähler. Über zwei Regler, einer links außen und einer an der unteren Bildkante, kann das fotografierte Objekt entzerrt und damit in eine bessere Position gebracht werden. Dabei werden jedoch die Bildkanten stark beschnitten.

Die *Perspektivkorrektur* ermöglicht eine Anpassung der stürzenden Linien: links die Bildauswahl, in der Mitte die Voransicht mit der Zoomfunktion und rechts die Ansicht bei der Entzerrung.

Miniatureffekt

Damit kann ein schmaler Bildbereich festgelegt werden, der bei der Bildwiedergabe scharf bleibt, während das außerhalb dieses Bereichs gelegene Umfeld unscharf dargestellt wird. Bei der Einstellung lässt sich dieser scharf dargestellte Bildstreifen mit dem Multifunktionswähler an die ge-

Auswahl des Miniatureffekts über die Bildansicht.

wünschte Position verschieben. Die Breite des Bildstreifens wird ebenfalls mit dem Multifunktionswähler festgelegt. Mit der Bildindextaste kann zwischen Hoch- und Querformat gewechselt werden. Mit Drücken der OK-Taste wird eine Kopie erstellt und gespeichert.

Selektive Farbe

Eine Anwendung, mit der bestimmte Farbbereiche erhalten und andere in ein Graustufenbild umgewandelt werden können. Damit ergibt sich eine interessante Bilddarstellung. Nach der Bildauswahl benutzen Sie den Multifunktionswähler, um den Cursor auf einer Farbe zu positionieren. Wählen Sie dazu möglichst kräftige Farben aus. Mit der Zoomtaste kann die Bildansicht auch vergrößert und mit der Bildindextaste wieder verkleinert werden. Die Farbauswahl nehmen Sie mithilfe der AE-L/AF-L-Taste vor.

66 mm • 1/125 s • f/5,0 • ISO 200

Miniatureffekt: Nur der schmale Streifen zwischen den gelben Linien bleibt scharf.

Kapitel 2 – *Optimale Kameraeinstellungen*

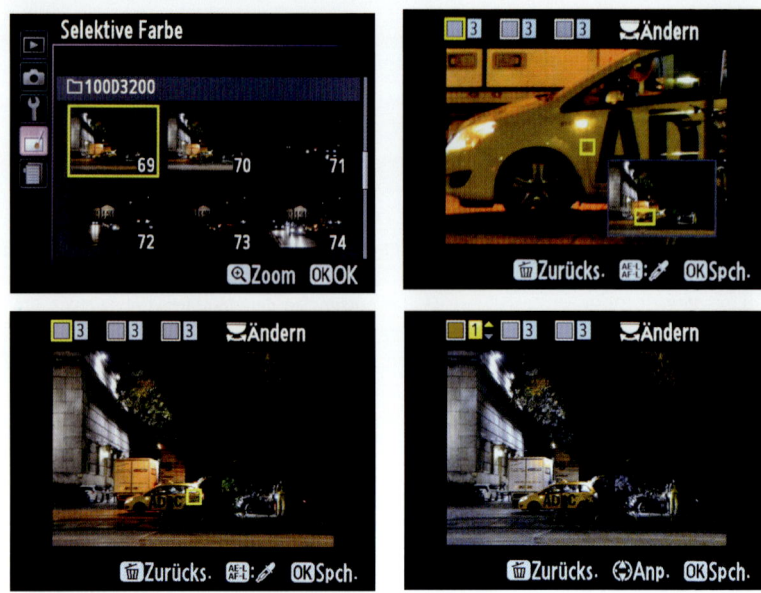

Farbauswahl und Anpassung der Einstellungen. Mit der Zoomfunktion kann der Farbbereich präzise ausgewählt werden. Das eingeblendete Navigationsfenster zeigt den aktuellen Bildausschnitt an.

Das ausgearbeitete Bild zur Farbauswahl. Hier wurde nur die Farbe Gelb auf niedrigster Stufe (1) ausgewählt.

Kapitel 2 – *Optimale Kameraeinstellungen*

Es können bis zu drei Farbbereiche festgelegt werden, dazu verwenden Sie das Einstellrad. Mit der Multifunktionstaste nach oben oder nach unten kann der gewählte Farbbereich anschließend in Stufen zwischen 1 und 7 erweitert oder verringert werden. Mit OK wird eine bearbeitete Kopie erstellt und gespeichert.

Bilder vergleichen

Diese Funktion ermöglicht den Vergleich eines bearbeiteten Bildes mit der Originalaufnahme. Dazu wählen Sie in der Einzelbildansicht ein Originalfoto oder eine bereits bearbeitete Kopie aus. Mit Druck auf OK wird das Menü *Bildbearbeitung* eingeblendet. Bei Bildern, von denen keine bearbeitete Kopie erzeugt wurde, steht diese Option nicht zur Verfügung. Ausgegraute Menüoptionen sind für das jeweils ausgewählte Bild ebenfalls nicht anwendbar.

Ansicht eines bearbeiteten Bildes und Auswahl der Funktion *Bilder vergleichen*. Der Zugriff auf diese Funktion ist nur über die Wiedergabeansicht möglich.

Das Original wird dabei immer links abgebildet und die Kopie davon auf der rechten Seite.

Letzte Einstellungen

Die Kamera stellt Ihnen noch ein weiteres, besonderes Menü zur Verfügung: *Letzte Einstellungen*. Jede der zuletzt aufgerufenen Einstellungen in einem der anderen Menüs wird in diesem Verzeichnis aufgelistet – die letzte Aktion immer ganz oben. Damit können bis zu 20 Aktionen schnell erneut abgerufen werden.

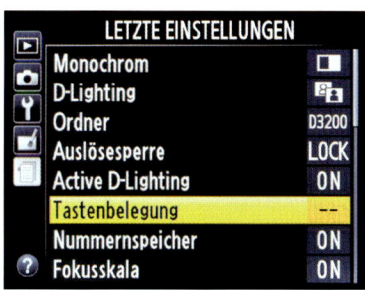

3 Perfekte Farben und Schärfe

Bis hierher haben Sie bereits eine ganze Menge über Ihre D3200 und deren Funktionen erfahren. Sie sollten nun wissen, wie Sie Ihre neue Kamera einstellen müssen, um mit besten technischen Voraussetzungen ans Werk gehen zu können. Im folgenden Abschnitt geht es in die Praxis. Denn ist die Kamera auch grundsätzlich konfiguriert, bedeutet das natürlich nicht, dass jede fotografische Situation auf die gleiche Weise angegangen werden kann.

3 Perfekte Farben und Schärfe

18 mm • 1/1250 s • f/8 • ISO 200

Leuchtende Farben und hohe Kontraste vermitteln dem Betrachter einen gesteigerten Schärfeeindruck. Sie unterstützen dabei aber nicht nur die Detailzeichnung, sondern erregen auch besondere Aufmerksamkeit. Die Anordnung der farbigen Elemente in der Bildfläche ist daher auch besonders wichtig.

Dateiformat und Farbraum festlegen

Die D3200 verfügt über die Dateiformate JPEG und RAW. Im JPEG-Format lassen sich folgende Bildgrößen einstellen:

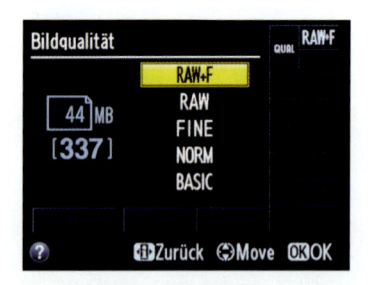

Die Einstellung des Speicherformats nehmen Sie über die Aufnahmeeinstellungen vor. Die jeweils verwendete Bildgröße und die Komprimierungsstufe haben dabei maßgeblichen Einfluss auf die Qualität der Bildwiedergabe.

L = 6.016 x 4.000 Pixel, M = 4.512 x 3.000 Pixel und S = 3.008 x 2.000 Pixel. Auswählen können Sie sie in der Monitoransicht mit den Aufnahmeinformationen nach Drücken der Info-Taste mithilfe des Multifunktionswählers und Bestätigen mit der OK-Taste. Alternativ erfolgt die Einstellung über das *Aufnahme*-Menü.

Weitere Qualitätsfaktoren stellen die im *Aufnahme*-Menü unter dem Menüpunkt *Picture-Control-konfigurieren* einstellbaren Parameter dar. Bei der D3200 kann der Zugriff darauf ebenfalls über die Info-Taste erfolgen. Hier können Bilder je nach Verwendungszweck und Aufnahmesituation in Bezug auf Scharfzeichnung, Kontrast, Farbwiedergabe, Sättigung und Farbton voreingestellt werden. Auf RAW-Dateien wirken sich diese Optionen lediglich in der Voransicht aus. Eine Anpassung steht nur für die Aufnahmeprogramme *P*, *S*, *A* und *M* zur Verfügung. Die Motivprogramme sind fest eingestellt.

sRGB- oder Adobe RGB-Farbraum?

Der jeweils verwendete Farbraum (sRGB oder Adobe RGB) ist ebenfalls für die Bildqualität von Bedeutung. sRGB ist empfehlenswert für Bilder, die ohne weitere Nachbearbeitung gedruckt oder als Foto ausgegeben werden sollen. Der Farbraum Adobe RGB umfasst einen wesentlich größeren Farbbereich und wird primär für die professionelle Weiterverarbeitung in der Druckvorstufe eingesetzt.

Da die meisten Monitore kein Adobe RGB darstellen können, ist der Farbraum sRGB sicherer – mit diesem Farbraum und den dazugehörigen Farbprofilen können sämtliche Farbgeräte auf dem Markt arbeiten. Erst wenn Sie sicher sind, dass wirklich lückenlos alle Geräte, die mit Ihren Bilddaten arbeiten sollen, Farbmanagement unterstützen und über entsprechende Farbprofile verfügen, ist eine Umstellung des Workflows auf Adobe RGB sinnvoll. Geben Sie jedoch Bilder digital an Personen weiter, die keine Adobe RGB-fähigen Bildschirme und Geräte haben, ist sRGB die bessere Wahl. Für Anwendungen im Internet wird prinzipiell sRGB benötigt.

Die Bilder der D3200 im JPEG-Format, die im Farbraum Adobe RGB oder sRGB aufgenommen wurden, sind DCF-kompatibel, und alle Anwendungen und Drucker, die DCF unterstützen, wählen automatisch den passenden Farbraum zur Weiterverarbeitung aus. Bei anderen Geräten muss dieser, sofern möglich, manuell ausgewählt werden.

> **DCF**
>
> DCF ist die Abkürzung für „Design Rule for Camera File System". Die vollständige Kompatibilität zwischen verschiedenen Kameras und anderen Geräten kann jedoch auch damit nicht garantiert werden.

Weißabgleich richtig durchführen

Moderne digitale Spiegelreflexkameras wie die Nikon D3200 verfügen über die Möglichkeit, die durch die Beleuchtungsverhältnisse vorgegebene Farbtemperatur mittels des Weißabgleichs für die Aufnahme anzupassen. Um die Prinzipien besser verstehen und anwenden zu können, sind einige der hier beschriebenen Grundinformationen von Bedeutung.

Messen der Farbtemperatur

Der Wert der Farbtemperatur ist definiert durch einen Wert in Bezug auf die jeweilige Lichtfarbe; dieser Wert wird in K = Kelvin angegeben. Je nach Intensität der Lichtstrahlung verändert sich dieser Wert. Bei Tageslicht kann die Farbtemperatur je nach Tageszeit und Lichtverhältnissen extrem unterschiedlich ausfallen. Künstliche Lichtquellen senden in der Regel ein konstantes, aber nicht mit dem Tageslicht übereinstimmendes Licht aus. Besonders problematisch sind übliche Neonröhren, da sie nur ein eingeschränktes Farbspektrum aussenden, dadurch kann es auch bei einer angepassten Farbtemperatur zu einer fehlerhaften Farbdarstellung im Bild kommen.

Das menschliche Auge passt sich an diese Farbtemperaturen automatisch an, deshalb werden geringe Unterschiede überhaupt nicht wahrgenommen. Ein weißes Blatt Papier erscheint uns auch bei Beleuchtung durch eine Glühlampe als

1800° K   4000° K   5500° K   12000° K   16000°K
Vereinfachte Farbdarstellung der Farbtemperaturen.

Farbtemperaturwerte für typische Lichtquellen (Richtwerte)	
1.500 K	Kerzenlicht
2.800 K	Glühlampe (100 Watt)
3.000 K	Halogenlampe
5.500 K	Elektronenblitz
5.500 K	Mittleres Tageslicht
6.500–7.500 K	Bedeckter Himmel
7.500–8.500 K	Nebel, starker Dunst
9.000–12.000 K	Blauer Himmel (Schatten)
15.000–27.000 K	Klares Nordlicht

weiß, obwohl diese ein gelbliches Licht ausstrahlt und das Blatt dadurch gelblich erscheinen müsste. Die Kamera lässt sich jedoch davon nicht täuschen. Die jeweils bei einer Aufnahme vorhandene Farbtemperatur beeinflusst alle Farben im Bild und verändert sie.

Um Farben fotografisch eindeutig wiedergeben zu können und Farbstiche zu vermeiden, muss die grundlegende Farbtemperatur zur Aufnahme angepasst werden. Durch den Weißabgleich wird der als Weiß wiederzugebende Farbtemperaturbereich festgelegt. Dadurch werden parallel auch alle anderen Farben im Bild korrigiert.

Ist der Farbwert bekannt, kann er an der Kamera auch direkt eingestellt werden. In anderen Fällen muss er gemessen und die Kamera entsprechend angepasst werden. Diese Vorgehensweise wird als Weißabgleich bezeichnet.

Automatischer Weißabgleich

Beim automatischen Weißabgleich ermittelt die Nikon D3200 selbstständig die vorherrschende Farbtemperatur. Das funktioniert in üblichen Aufnahmesituationen je nach Kamera und Umgebung mehr oder weniger gut. Die Kamera misst die gesamte Bildfläche und benutzt den ermittelten Durchschnittswert als Referenz für ein reines Weiß bzw. ein neutrales Grau. Handelt es sich bei dem Motiv jedoch um eine vorwiegend farbige Fläche, führt der automatische Weißabgleich zu einer fehlerhaften Farbanpassung. Auch in Mischlichtsituationen (Aufnahmen mit unterschiedlichen Lichtquellen) kann es zu einer unerwünschten Farbanpassung kommen. Um in einer solchen Situation das erwünschte Resultat zu erzielen, sollte die Farbtemperatur dann zuvor manuell eingestellt werden.

Manueller Weißabgleich

Beim manuellen Weißabgleich wird das Objektiv auf eine neutralweiße oder neutralgraue Wand oder ein entsprechendes Referenzobjekt, z. B. eine Graukarte, gerichtet, der Abgleich wird durch manuelle Messung vorgenommen. Alternativ kann auch ein Weißabgleichsfilter verwendet werden. Dieser wird vor dem Objektiv befestigt, damit der manuelle Weißabgleich vorgenommen werden kann. Die Vorgehensweise ist jedoch unterschiedlich. Bei Verwendung einer Graukarte wird die Kamera direkt auf diese gerichtet. Die Graukarte muss sich dazu in Aufnahmerichtung vor dem Motiv befinden. Bei Verwendung eines Weißabgleichsfilters wird die Kamera mit vorgesetztem Weißabgleichsfilter am Objektiv während des Messvorgangs in Richtung der Lichtquelle gehalten.

Der jeweils ermittelte und unter *PRE* gespeicherte Wert wird dann für die weiteren Aufnahmen unter den gleichen Lichtbedingungen verwendet. Wird erneut ein manueller Weißabgleich mit *PRE* durchgeführt, werden die vorherigen Daten überschrieben. Bei der D3200 steht der manuelle Weißabgleich nur für die Aufnahmeprogramme *P*, *S*, *A* und *M* zur Verfügung. Die Motivprogramme verwenden immer den automatischen Weißabgleich, eine andere Einstellung ist hier nicht möglich.

> ### Graukarten
>
> Graukarten sind in verschiedenen Formen im Fachhandel erhältlich. Für den Weißabgleich eignen sich nur absolut farbneutrale Graukarten. Einige haben eine graue Vorder- und eine weiße Rückseite, andere bestehen zusätzlich aus einer Anordnung von schwarzen, grauen und weißen Feldern. Diese Karte kann auch in einer Referenzaufnahme mitfotografiert werden. Dadurch wird eine spätere Farbanpassung in der Bildbearbeitung erleichtert.

Weißabgleich messen und festlegen

Positionieren Sie die Kamera zur Messung vor einem neutralgrauen oder weißen Objekt unter den Beleuchtungsbedingungen, unter denen Sie fotografieren wollen. Das Referenzobjekt (die Graukarte) muss bei der Aufnahme das Sucherbild komplett ausfüllen und darf nicht versehentlich abgeschattet werden. Anstelle der Weißabgleichskarte kann auch ein Weißabgleichsfilter vor dem Objektiv verwendet werden. Die Bildschärfe spielt dabei keine Rolle. Verwenden Sie zur Weißabgleichsmessung am besten den Aufnahmemodus *P*.

[1] Drücken Sie die MENU-Taste und wählen Sie im *Aufnahme*-Menü den *Weißabgleich* aus. Am unteren Ende der Liste finden Sie die Option *PRE – Eigener Messwert*.

[2] Mit dem Multifunktionswähler bewegen Sie sich weiter zu *Messen* (alternativ kann auch ein bereits vorhandenes Bild ausgewählt werden).

[3] Richten Sie die Kamera auf das Referenzobjekt – die Graukarte. Diese sollte das gesamte Sucherbild ausfüllen. Bestätigen Sie die Sicherheitsabfrage zum Überschreiben der vorhandenen Daten mit *Ja*. Nach der nächsten Meldung wird das Symbol *PRE* blinkend in den Aufnahmeeinstellungen und im Sucher angezeigt. Lösen Sie nun die Kamera aus, bevor die Anzeige zu blinken aufhört.

Bei erfolgreicher Messung blinkt im Sucher die Anzeige *Gd*, bei einer Fehlmessung erscheint *no Gd*. In den Aufnahmeeinstellungen wird dagegen *Referenzbild erstellt* gemeldet oder mitgeteilt, dass die Messung fehlgeschlagen ist. Die Ursache ist möglicherweise eine zu helle oder zu dunkle Ausleuchtung des Objekts. In diesem Fall drücken Sie den Auslöser zum ersten Druckpunkt, um zum vorherigen Schritt zurückzukehren und die Messung erneut durchzuführen.

[4] Die Kamera kann immer nur einen voreingestellten Messwert verwenden. Bei einer erneuten Messung wird die zuvor gespeicherte Information gelöscht.

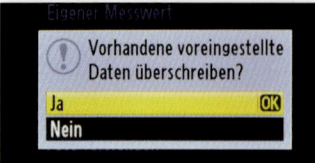

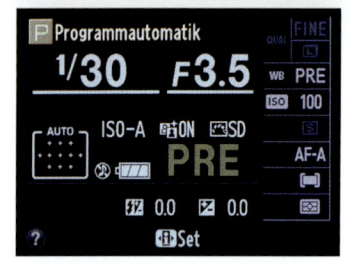

[1] Drücken Sie die MENU-Taste und wählen Sie im *Aufnahme*-Menü den *Weißabgleich* aus. Am unteren Ende der Liste finden Sie die Option *PRE - Eigener Messwert*.

[2] Mit dem Multifunktionswähler bewegen Sie sich weiter zu *Foto verwenden*. Das aktuell ausgewählte Bild wird angezeigt. Dieses kann unter der Option *Aktuelles Bild* mit OK bestätigt werden, oder Sie bestimmen mit *Bild auswählen* aus der Liste der folgenden Ordner und Bilder ein neues.

Durchführung des manuellen Weißabgleichs. Ist die Kamera aufnahmebereit, blinkt das Symbol *PRE* auf dem Monitor. Danach kann ausgelöst werden.

Weißabgleich per Datenübernahme

Eine weitere Möglichkeit, den Weißabgleich anzupassen, besteht darin, die entsprechenden Daten aus einem anderen bereits zuvor erstellten Bild zu übernehmen. Das als Referenz dienende Foto muss sich dazu auf der Speicherkarte befinden und mit der D3200 aufgenommen worden sein. Diese Anwendung ist besonders dann sinnvoll, wenn die neu zu erstellenden Fotos die gleiche Farbtemperatur aufweisen sollen wie die bereits zuvor erstellten. Die Lichtquelle und das Umfeld zum Motiv dürfen sich aber zwischenzeitlich nicht verändern.

Anwendung des Weißabgleichswerts

Der selbst erstellte und ausgewählte Weißabgleichswert *PRE* wird so lange für Ihre folgenden Aufnahmen benutzt, bis Sie eine erneute Messung vornehmen oder einen anderen voreingestellten Weißabgleich bzw. die Automatik aus der Liste im *Aufnahme*-Menü oder der Informationsansicht auswählen. Der schnellste Zugriff erfolgt über die Infoansicht durch Drücken der Info-Taste, dann durch Auswahl des Menüpunkts mit dem Multifunktionswähler und Drücken der OK-Taste. Der Zugriff ist jedoch nur in den Aufnahmeprogrammen *P*, *S*, *A* oder *M* möglich. Die durch grafische Symbole gekennzeichneten Aufnahmeprogramme (Motivprogramme) verwenden ausschließlich die Einstellung *Auto* und damit den automatischen Weißabgleich.

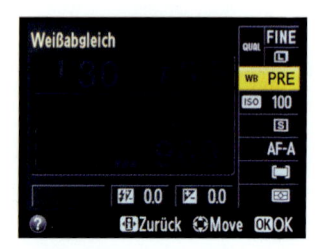

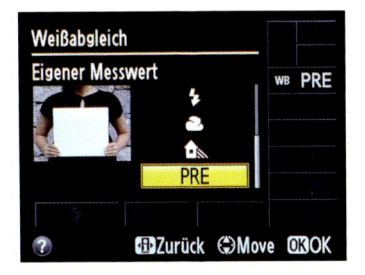

Aufruf der Einstellung in der Infoansicht mit der Info-Taste und Auswahl des Weißabgleichs.

> **Anzeige auf dem Monitor**
>
> Nachdem Sie eine Anpassung des Weißabgleichs vorgenommen haben, wird in der Informationsansicht auf dem Monitor das jeweilige Symbol für die verwendete Einstellung angezeigt.

Voreingestellten Weißabgleich anpassen

Bei der Verwendung von Weißabgleichseinstellungen kann eine noch feinere Anpassung der Werte vorgenommen werden (nicht möglich bei *PRE – Eigener Messwert*). Zunächst wird die gewünschte Auswahl im *Aufnahme*-Menü unter *Weißabgleich* vorgenommen.

Im nachfolgenden Fenster kann mit dem Multifunktionswähler – nach oben oder unten bzw. links oder rechts – eine Farbanpassung vorgenommen werden. Dabei entspricht jeder Punkt auf dem angezeigten Gitter einer Farbverschiebung von ca. 5 Mired (siehe Infokasten). Eine Verschiebung der Werte in der Vertikalachse hat ähnliche Auswirkungen wie die Verwendung entsprechender Farbkorrekturfilter aus dem Bereich der analogen Fotografie. Die Farbwiedergabe wird jeweils in Richtung der auf dem Monitor angezeigten Farbe verändert.

Die angezeigten Farben auf der Feinabstimmungsachse sind relative Größen. Bei einer Farbverschiebung beispielsweise in Richtung Blau wirkt diese Einstellung lediglich etwas kühler, ohne dass dabei ein Blaustich auftritt.

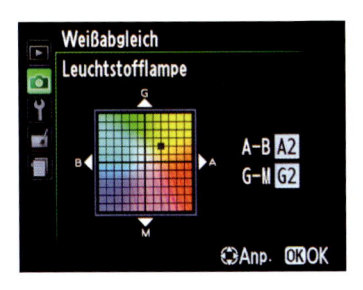

Weißabgleich – Feinabstimmung im Kameramenü.

Auch eine Anpassung des automatischen Weißabgleichs ist damit möglich. Nach Abschluss der Aufnahmen sollten die Anpassungen jedoch unbedingt wieder zurückgesetzt werden, um bei späteren Aufnahmen keine falschen Werte zu erzeugen. Bestätigen Sie Ihre Einstellung mit OK.

> **Maßeinheit Mired**
>
> Die Maßeinheit Mired wird bei der Angabe von Farbtemperaturen verwendet, da eine Veränderung auf der Kelvin-Skala in den niedrigeren Farbtemperaturen wesentlich deutlicher ausfällt als in den höheren. Durch diese nicht lineare Wahrnehmung entstand die Einheit Mired. Diese entspricht dem mit 1.000.000 multiplizierten Kehrwert der Farbtemperatur in Kelvin. Zum Vergleich: Ein Unterschied von jeweils 1.000 K entspricht zwischen 3.000 und 4.000 K einem Wert von 83 Mired, zwischen 6.000 und 7.000 K lediglich einem Wert von 24 Mired.

Bei Anwendung des NEF-(RAW-) Formats

Wenn Sie bei Ihren Aufnahmen mit NEF-Daten (im RAW-Format) arbeiten, können Sie sich die Mühen des Weißabgleichs sparen. Verwenden Sie einfach den automatischen Weißabgleich AUTO oder eine Festeinstellung für Ihre Voransicht und passen Sie Ihre Bilder später bei der Umwandlung im RAW-Konverter an die gewünschte Farbtemperatur an.

Bei Anwendung des JPEG-Formats

Bei Verwendung dieses Formats wird die eingestellte Farbtemperatur direkt in das Bild eingerechnet. Eine Farbanpassung ist nachträglich nur noch durch eine Bearbeitung der Tonwerte mithilfe eines Bildbearbeitungsprogramms möglich. Diese Korrekturen führen in der Regel zu einem Qualitätsverlust und sind oft nicht mehr so einfach zu handhaben wie beim Gebrauch des NEF-(RAW-)Formats. Nur beim RAW-Format werden die Farbinformationen lediglich parallel zum Bild mitgespeichert, ohne das Bild selbst zu beeinflussen.

Blendeneinstellung und Schärfentiefe

Die Blendeneinstellung Ihres Objektivs regelt nicht nur die Helligkeit, sondern beeinflusst auch den Schärfebereich Ihres Bildes und ist deshalb ein wichtiges gestalterisches Bildmittel. Die Auswirkungen sind abhängig von der Objektivart und von der Distanz zu Ihrem Motiv. Bei einem Weitwinkelobjektiv ist der Schärfebereich deutlich größer als bei einem Teleobjektiv. Durch Verringerung der Distanz zum Aufnahmeobjekt verringert sich auch der Schärfebereich zunehmend.

Mit Schärfentiefe bezeichnet der Fotograf den Bereich vor und hinter der eingestellten Schärfeebene, der im Bild noch als scharf erscheint. Die Schärfentiefe wird unter anderem von der Blendenöffnung beeinflusst. Eine große Blendenöffnung (kleine Blendenzahl) ergibt eine geringe Schärfentiefe, eine kleine Blendenöffnung (große Blendenzahl) eine größere.

Die Schärfentiefe wird auch beeinflusst von der Brennweite eines Objektivs. Je länger die Brennweite (Teleobjektiv), desto geringer ist die zur Verfügung stehen-

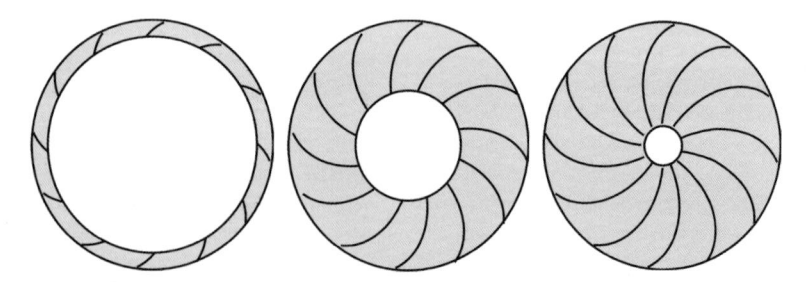

Große Blende (kleine Blendenzahl, z. B. 2,8), mittlere Blende, kleine Blende (große Blendenzahl, z. B. 16). Eine große Blendenöffnung (kleine Blendenzahl) ermöglicht eine geringe Schärfentiefe, eine kleine Blendenöffnung (hohe Blendenzahl) eine größere.

Kapitel 3 – *Perfekte Farben und Schärfe*

de Schärfentiefe, je kürzer die Brennweite (Weitwinkelobjektiv), desto größer ist die mögliche Schärfentiefe. Auch die Distanz zum Aufnahmeobjekt beeinflusst den Schärfentiefebereich.

Sowohl die Brennweite als auch die Blendenöffnung und die Distanz zum Motiv haben Einfluss auf die Darstellung des Bildes in Bezug auf die Schärfentiefe. Wenn auf einen bestimmten Punkt in einer bestimmten Entfernung innerhalb des Motivs scharf gestellt wird, ist die nutzbare Schärfe (der in der Abbildung noch als scharf akzeptierte Bereich) je nach Brennweite und eingestellter Blendenöffnung ein bestimmter Entfernungsbereich, der sich über die Distanz von ca. einem Drittel vor und ca. zwei Drittel hinter dem eigentlichen Scharfpunkt erstreckt. Während Weitwinkelobjektive über einen großen Schärfentiefebereich verfügen, wird mit zunehmender Brennweite dieser Bereich immer geringer bzw. kürzer.

Als dritte Komponente für die Schärfentiefe ist die Distanz des aufzunehmenden Objektivs oder Motivs zur Frontlinse des Objektivs aus gesehen maßgeblich. Je näher sich die Frontlinse am Aufnahmeobjekt befindet, desto geringer ist der Schärfentiefebereich. Die Auswirkungen von Blende, Brennweite und Distanz zum Objekt zeigen die folgenden Grafiken. Ausgehend vom Schärfepunkt, zeigen die dunklen Flächen den Bereich der Schärfentiefe an.

Rechts: Auswirkungen auf die Schärfentiefe bei gleichem Objektiv und gleicher Blende, jedoch unterschiedlichen Entfernungen zum Motiv.

16 mm • 1/1300 s • f/4 • ISO 200

Bei einer kurzen Brennweite (hier 16 mm) erstreckt sich die Schärfentiefe schon ab einer mittleren Blende vom Nahbereich bis unendlich.

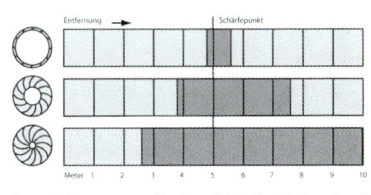

Auswirkungen auf die Schärfentiefe durch Veränderung der Blendenöffnung bei gleichem Objektiv und gleichem Abstand zum Motiv.

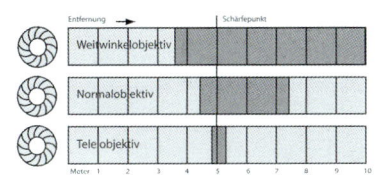

Auswirkungen auf die Schärfentiefe bei verschiedenen Brennweiten – bei gleichem Abstand zum Motiv und gleicher Blendenöffnung.

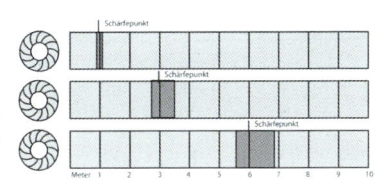

Schärfentiefe in der Praxis

Verwenden Sie die Zeitautomatik A, bestimmen Sie selbst über die zur Aufnahme genutzte Blende und damit auch über die Schärfentiefe, während die Kamera die dazu erforderliche Belichtungszeit einstellt. Bei ungünstigen Lichtverhältnissen mit wenig Licht kann das dazu führen, dass die Belichtungszeit zu lang wird, um die Aufnahme noch aus der Hand zu machen. Wollen Sie kein Stativ verwenden, haben Sie noch die Möglichkeit, den ISO-Wert entsprechend zu erhöhen. Diese Funktion können Sie aber auch der Kamera überlassen. Dazu aktivieren Sie die ISO-Automatik.

Im Menü zur ISO-Automatik können Sie zuvor festlegen, ab welcher Belichtungszeit der ISO-Wert angehoben werden soll. Stellen Sie hier beispielsweise 1/60 Sekunde ein, wird der ISO-Wert nur erhöht, wenn mit den aktuellen Einstellungen eine Belichtungszeit von 1/60 Sekunde oder kürzer nicht erreicht werden kann. Auch die maximal nutzbare Empfindlichkeit wird in diesem Menü bestimmt. Stellen Sie beispielsweise einen Maximalwert von ISO 3200 ein, kann der ISO-Wert nur bis zu dieser Einstellung automatisch angehoben werden. Reicht die vorhandene Helligkeit nicht aus, wird im Sucher *Lo* angezeigt. Auf dem Bildschirm erscheint dazu die Meldung: *! Motiv ist zu dunkel*.

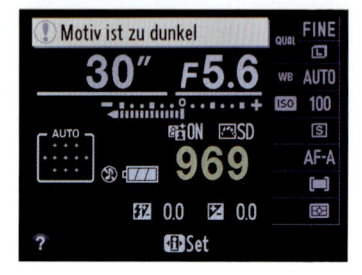

Erscheint die Meldung *! Motiv ist zu dunkel*, kann die ISO-Empfindlichkeit erhöht werden, um das Problem zu beheben. Alternativ verwenden Sie Blitzlicht.

Bildbearbeitung mit Anpassung der Bildschärfe und der Farbintensität in ViewNX2. Es ist wichtig, zur Beurteilung der Scharfzeichnung eine Bildschirmansicht mit 100 % zu verwenden.

Kapitel 3 – Perfekte Farben und Schärfe

Künstliche Scharfzeichnung

Eine künstliche Scharfzeichnung erreichen Sie in der Regel durch die Erhöhung der Kantenkontraste. Ein gutes Beispiel für die Funktionsweise stellt z. B. die Schärfen-Funktion mit der Bezeichnung *Unscharf maskieren* in Adobe Photoshop oder Lightroom dar. Dabei können mittels dreier Regler die Intensität (*Stärke*), die Kantenbreite (*Radius*) und die zu schützenden Flächenbereiche (*Schwellenwert*) individuell angepasst werden. Auch in ViewNX2, zu finden auf der mitgelieferten CD, haben Sie die Möglichkeit, Ihre Bilder nachzuschärfen und den Bildkontrast anzupassen.

35 mm • 1/320 s • f/5,0 • ISO 200

Die ungeschärfte Aufnahme (oben) und die Aufnahme nach Scharfzeichnung und Erhöhung der Farbsättigung.

Farbkontrast und Farbsättigung steigern

Auch eine Steigerung des Farbkontrasts vermittelt dem Betrachter den Eindruck eines schärferen Bildes. Dieser Effekt wird vor allem bei Billigkameras ausgenutzt. Durch das farbliche Aufpeppen der Bilder entsteht ein schärferer Eindruck, und das Bild wird, entsprechend den Vorstellungen des fotografierenden Amateurs, schön bunt.

Bei einer Erhöhung der Farbsättigung ist jedoch zu beachten, dass diese Bilder vielleicht auf dem Bildschirm und in der Projektion mit einem Beamer sehr schön aussehen können, aber eine Wiedergabe im Druck eventuell nur sehr eingeschränkt möglich ist. Papier leuchtet schließlich nicht, und so kann es dabei zu einer unerwünschten Veränderung der Farbdarstellung kommen.

4 Autofokus und Belichtung

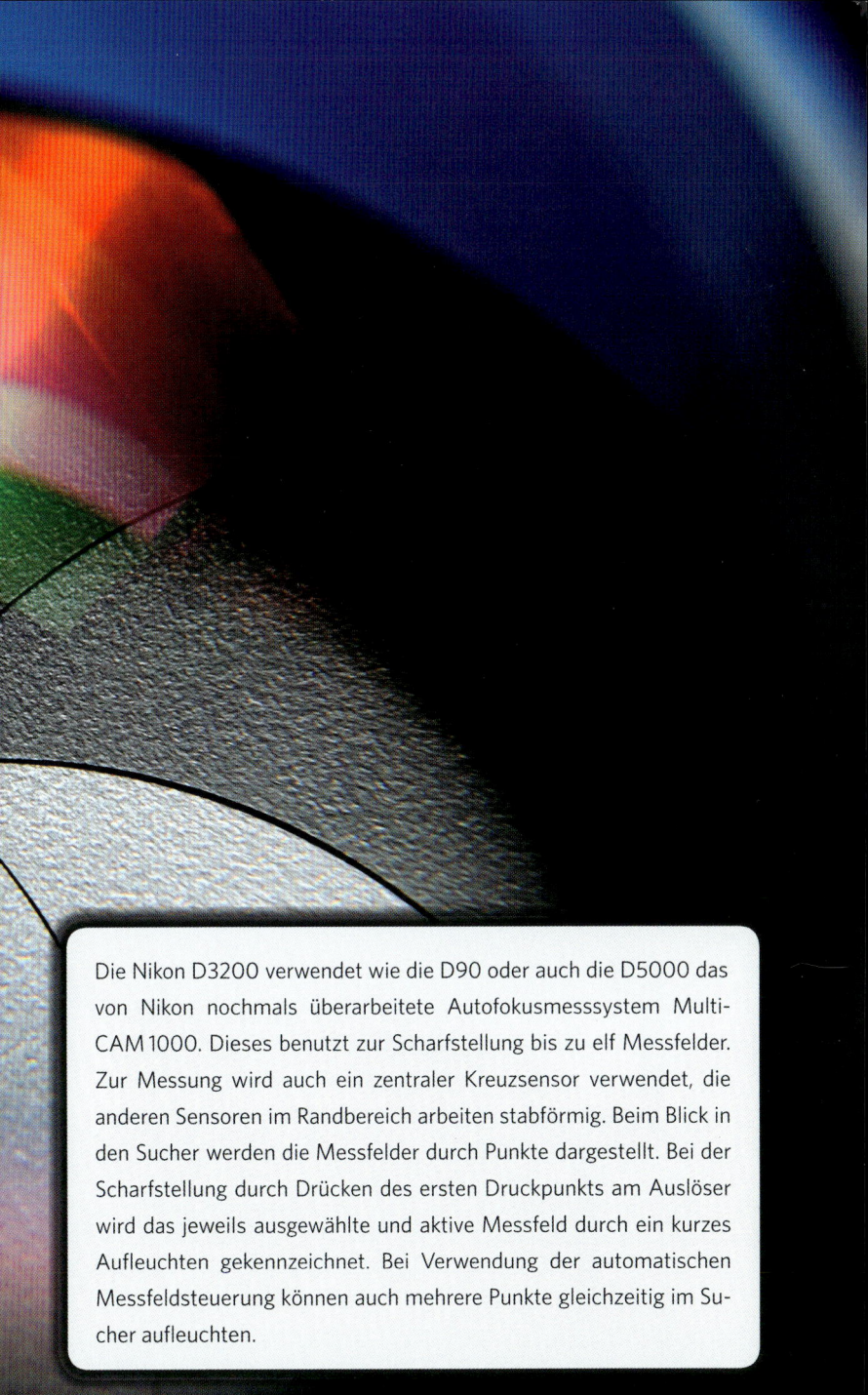

Die Nikon D3200 verwendet wie die D90 oder auch die D5000 das von Nikon nochmals überarbeitete Autofokusmesssystem Multi-CAM 1000. Dieses benutzt zur Scharfstellung bis zu elf Messfelder. Zur Messung wird auch ein zentraler Kreuzsensor verwendet, die anderen Sensoren im Randbereich arbeiten stabförmig. Beim Blick in den Sucher werden die Messfelder durch Punkte dargestellt. Bei der Scharfstellung durch Drücken des ersten Druckpunkts am Auslöser wird das jeweils ausgewählte und aktive Messfeld durch ein kurzes Aufleuchten gekennzeichnet. Bei Verwendung der automatischen Messfeldsteuerung können auch mehrere Punkte gleichzeitig im Sucher aufleuchten.

4 Autofokus und Belichtung

Steht der Fokusschalter am Objektiv auf *A*, wird der Autofokus der Kamera verwendet. In der Betriebsart *M* wird der Autofokus deaktiviert, und die Scharfstellung erfolgt manuell durch Drehen des Entfernungseinstellrings.

Der sich in der Mitte des Suchers befindliche zentrale Messpunkt kann bei allen Messfeldsteuerungen mithilfe des Multifunktionswählers auch auf eine andere Position verschoben werden. Nur wenn die automatische Messfeldsteuerung verwendet wird, ist eine manuelle Fokuspunktverschiebung nicht möglich.

> **Verwenden eines anderen Fokuspunkts**
>
> Rufen Sie in Ihrem aktuell genutzten Aufnahmeprogramm durch Drücken der Info-Taste und Auswahl mit dem Multifunktionswähler den Menüpunkt *AF-Messfeldsteuerung* auf. Wählen Sie eine andere Option als die *Automatische Messfeldsteuerung* aus. Nun lässt sich der Fokuspunkt mit dem Multifunktionswähler an die gewünschte Position verschieben. In den Aufnahmeprogrammen *P*, *S*, *A* und *M* bleibt diese Einstellung bis zur nächsten Änderung erhalten. In den Motivprogrammen wird bei einem Programmwechsel die automatische Messfeldsteuerung bzw. die für das jeweilige Motivprogramm bestimmte Messfeldsteuerung wiederhergestellt. So wird bei *Sport* immer die *Dynamische Messfeldsteuerung* und bei *Makro/Nahaufnahme* die *Einzelfeldsteuerung* verwendet.

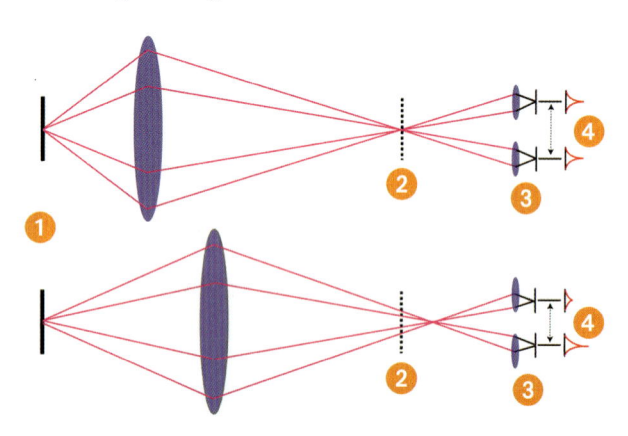

Prinzip der Phasendifferenzmessung, oben scharf gestellt, unten unscharf: 1 – Objektebene, 2 – Sensorebene, 3 – Umwandlung der optischen Informationen, 4 – elektrische Signale.

Die Arbeitsweise dieses Autofokussystems basiert auf dem Prinzip der Phasendifferenzerkennung, auch passiver Autofokus genannt. Um auf ein Objekt scharf stellen zu können, muss es über einen bestimmten Kontrastumfang verfügen, um vom Messsystem erkannt zu werden. Sehr wenig Licht, geringe Kontraste und einförmige Flächen können daher dazu führen, dass der Autofokus nicht scharf stellen kann. Bei Dunkelheit wird deshalb auch das eingebaute Hilfslicht zur automatischen Scharfstellung benötigt.

Zur Scharfstellung des Objektivs werden je nach Bauart zwei verschiedene Methoden angewandt. Nikon-Objektive mit der Bezeichnung AF sind mit der Kamera über eine kleine, federgelagerte Welle verbunden und werden über einen kamerainternen Motor scharf gestellt. Diese Objektive können an der D3200 jedoch nur mit manueller Fokussierung verwendet werden. Um die Belichtungsmessung verwenden zu können, müssen diese Objektive zudem über CPU-Kontakte verfügen.

Objektive mit der Bezeichnung AF-S oder AF-I besitzen einen eigenen motorischen Antrieb und werden über die am Bajonettanschluss angebrachten elektrischen Kontakte mit Strom versorgt und gesteuert. Die zur Scharfstellung erforderliche Zeit beträgt zwischen 0,2 und 0,8 Sekunden und ist jeweils vom Objektiv, dem Aufnahmemotiv und den Aufnahmebedingungen abhängig. Die D3200 kann nur mit Objektiven vom Typ AF-S oder der älteren AF-I-Serie arbeiten und dabei den Autofokus verwenden.

Messmethoden richtig einsetzen

MF, AF-A, AF-S, AF-C – wann wird welche Methode gewählt? Diese Einstellungen in der Kamera beeinflussen die Funktionen des Autofokus. Dazu kommt die Möglichkeit, den Autofokus direkt am Objektiv an- oder abzuschalten.

Fokusschalter am Objektiv (M)

Durch Stellen des Fokusschalters am Objektiv auf *M* wird der Autofokus deaktiviert, und scharf gestellt wird jetzt manuell durch Drehen des Entfernungseinstellrings. Die Autofokusmethoden der Kamera sind damit ebenfalls ausgeschaltet.

Auch eine Kombination aus manueller Einstellung und Autofokus ist durch die Einstellung *M/A* bei einigen Objektiven möglich. Die Priorität liegt dabei auf der manuellen Fokussierung. Eine weitere, neue Variante mit der Bezeichnung *A/M* ermöglicht ebenfalls ein manuelles Eingreifen, die Priorität liegt hier jedoch auf der automatischen Fokussierung. Diese Optionen werden insbesondere von Profifotografen sehr gern benutzt, um durch eine manuelle Voreinstellung der Schärfe die benötigte Zeit zur Scharfstellung zu verkürzen oder um sie manuell zu korrigieren.

Schärfeindikator und Fokusskala nutzen

Auch bei manueller Scharfstellung kann der Schärfeindikator verwendet werden. Das anvisierte Objekt ist dann scharf gestellt, wenn dieser im Sucher aufleuchtet. Die Fokusskala kann dann ebenfalls zur Schärfekontrolle eingesetzt werden.

Fokusschalter am Objektiv (A, A/M, M/A)

In diesen Betriebsarten wird der Autofokus durch die Kamera verwendet. Je nach Programmwahl oder Voreinstellung kommen dabei unterschiedliche Autofokusmethoden zur Anwendung. Die Auswahl an der Kamera erfolgt durch Drücken der Info-Taste und Auswahl der Einstellung mit dem Multifunktionswähler. Dabei kann bei der D3200 unter *AF-A*, *AF-S*, *AF-C* und *MF* ausgewählt werden. Wird die Autofokusmethode geändert, betrifft das bei einer Einstellung von *P*, *S*, *A* oder *M* immer alle vier Aufnahmeprogramme. Bei der Umschaltung innerhalb dieser vier Programme wird die zuvor gewählte Autofokusmethode beibehalten.

Die Standardeinstellung ist *AF-A*. Diese Einstellung gilt auch für die anderen, durch grafische Symbole gekennzeichneten Aufnahmeprogramme (Motivprogramme), die über das *Aufnahme*-Menü ebenfalls manuell angepasst werden können. Allerdings kann dabei nur zwischen den Einstellungen *AF-A* und *MF* gewählt werden. Welche Fokusmethode in der Einstellung *AF-A* intern verwendet wird, ist vom jeweiligen Motivprogramm abhängig.

Autofokusautomatik (AF-A)

Die Kamera aktiviert je nach Motiv und verwendetem Aufnahmeprogramm den Einzelautofokus *AF-S* oder den kontinuierlichen Autofokus *AF-C*. Kann die Kamera in der Betriebsart *AF-S* nicht scharf stellen, ist auch keine Aufnahme möglich. In der Betriebsart *AF-C* ist dagegen jederzeit das Auslösen der Kamera möglich, auch ohne vorhergehende exakte Scharfstellung.

So wird in der Einstellung *Sport* zum Nachverfolgen der Bewegung immer die *AF-C*-Einstellung benutzt. Der Fokuspunkt, von dem die Nachverfolgung der Bewegung startet, kann mit dem Multifunktionswähler festgelegt werden (Mitte = Standardeinstellung). Dazu wird die AF-Messfeldsteuerung *Dynamisch* verwendet.

Bei *Nahaufnahme/Makro* benutzt die Kamera dagegen die *AF-S*-Scharfstellungsmethode in Kombination mit der AF-Einzelfeldsteuerung. Zur Scharfstellung wird üblicherweise der mittlere Fokuspunkt genommen. Mit dem Multifunktionswähler kann jedoch auch hier eine andere Fokuspunktauswahl getroffen werden.

Auswahl der Autofokusmethode nach Drücken der Info-Taste. In den Motivprogrammen kann hier jedoch nur zwischen *AF-A* und *MF* gewählt werden.

Kapitel 4 - *Autofokus und Belichtung*

Einzelautofokus (AF-S)

Die Kamera fokussiert, sobald Sie den Auslöser bis zum ersten Druckpunkt drücken. Durch Halten des Druckpunkts wird die Schärfeeinstellung fixiert, und die Kamera wird mit diesem Scharfpunkt beim Durchdrücken der Taste ausgelöst – die Autofokusmesswertspeicherung. Eine Auslösung ist nur nach vorherigem Aufleuchten des Schärfeindikators im Sucher möglich (Schärfepriorität).

Rechts oben: Aufnahme mit *AF-S*. Optimal für unbewegliche oder sich nur sehr langsam bewegende Aufnahmeobjekte.

45 mm • 1/1000 s • f/5,6 • ISO 200

Kontinuierlicher Autofokus (AF-C)

Solange Sie den Auslöser bis zum ersten Druckpunkt gedrückt halten, stellt die Kamera auf das anvisierte sich bewegende Objekt kontinuierlich scharf. Eine Auslösung ist dabei jederzeit, eventuell auch ohne vorhergehende exakte Scharfstellung, möglich (Auslösepriorität).

Rechts mittig: Aufnahme mit *AF-C*. Optimal geeignet für sich bewegende Objekte.

270 mm • 1/1250 s • f/6,3 • ISO 200

Manueller Fokus (MF)

Durch diese Auswahl wird der Autofokus in der Kamera deaktiviert. Zur Anwendung muss bei Autofokusobjektiven der Schalter ebenfalls in die Position *M* gesetzt werden. Scharf stellen können Sie nun nur noch durch Drehen des Fokusrings direkt am Objektiv.

Rechts unten: Eine schwierige Aufnahmesituation wie diese Spiegelung in einem Schaufenster erfordert möglicherweise eine manuelle Fokussierung.

24 mm • 1/160 s • f/5,6 • ISO 100

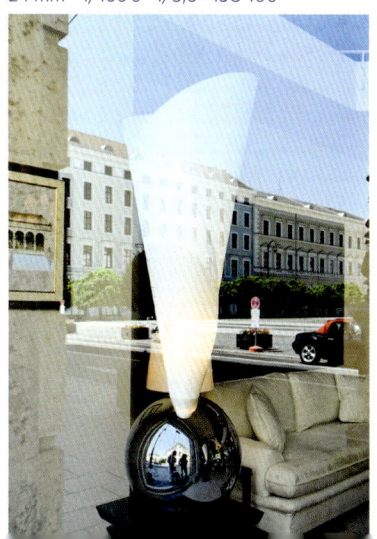

Scharfstellungsmethoden

Bei der prädiktiven Schärfenachführung, die automatisch bei der Verwendung von

AF-C genutzt wird, wird die Bewegung eines Objekts im Messbereich ermittelt, und die Kamera versucht, den Scharfpunkt bereits im Voraus festzulegen. Dadurch verringert sich der benötigte Zeitraum bis zur Scharfstellung. Um die Fokussierung auf ein bestimmtes Objekt beizubehalten und die Bildschärfe mit diesem nachzuführen, wird der Auslöser am ersten Druckpunkt gehalten.

Im *AF-C*-Modus kann eine bestimmte Distanz nur durch zusätzliches Drücken der AE-L/AF-L-Taste fixiert werden. Um diese Distanz unverändert zu halten, darf diese Taste dann bis zum Auslösen nicht mehr losgelassen werden.

Im Modus *AF-S* wird dagegen eine Fokussierung nur so lange durchgeführt, bis das anvisierte Objekt fixiert ist (Aufleuchten des Schärfeindikators im Sucher). Um eine erneute Fokussierung zu erreichen, müssen Sie den Auslöser kurz loslassen und dann erneut zum ersten Druckpunkt drücken.

Der Autofokusmesswertspeicher wird im *AF-S*-Modus durch Druck auf den Auslöser bis zum ersten Druckpunkt auf das anvisierte Objekt verwendet. Diese Distanz kann dann bei gedrückt gehaltener Taste bis zum Auslösen beibehalten werden. Dadurch ist es möglich, den bildwichtigen Bereich in einem Motiv scharf zu stellen, aber anschließend den Ausschnitt zur besseren Bildgestaltung zu verschieben.

Auswahl der Messfeldsteuerung

Automatisch, dynamisch oder Einzelfeld? Sie wählen die *Messfeldsteuerung* über das *Aufnahme*-Menü oder direkt mit dem Multifunktionswähler nach Drücken der Info-Taste aus. Die eingestellte Wahl wird auch durch ein Symbol in der Informationsansicht auf dem Monitor angezeigt.

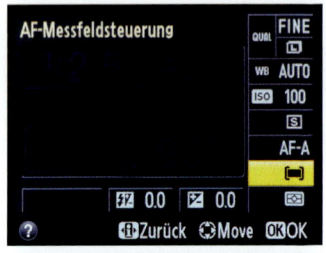

Auswahl der *Messfeldsteuerung* über die Infoansicht nach Drücken der Info-Taste.

Automatische Messfeldsteuerung

Die *Automatische Messfeldsteuerung* sorgt für eine automatische Motiverkennung und die Scharfstellung durch die Kamera. Dabei benutzt die Kamera alle elf Messfelder, um das Motiv eigenständig zu erkennen und scharf zu stellen. Die Autofokuseinstellung ist *AF-A*, dabei wählt die Kamera selbstständig die jeweils erforderliche Messmethode, entweder *AF-S* oder

AF-C, aus. Eine manuelle Auswahl des Messfelds ist in dieser Einstellung nicht möglich.

Diese Methode funktioniert bei Objekten, die sich eindeutig vom Hintergrund abheben, in der Regel sehr gut. Bei Verwendung von G- oder D-Nikkoren kann die Kamera sogar Personen im Bild erkennen und vom Hintergrund unterscheiden. Bei der Aufnahme mit *AF-S* und *AF-C* werden die zur Scharfstellung genutzten Fokusfelder im Sucher beim Antippen des Auslösers durch Aufleuchten kurz angezeigt.

Dynamische Messfeldsteuerung

Bei der *Dynamischen Messfeldsteuerung* fokussiert die Kamera auf den zuvor gewählten Messbereich (Standardeinstellung auf den mittleren Fokuspunkt), berücksichtigt jedoch auch die umliegenden Messfelder. Bewegt sich das Motiv in ein umliegendes Messfeld, wird die Schärfe nachgeführt. Der zuvor gewählte Messbereich bleibt jedoch bestehen. Diese Einstellung ist optimal in Verbindung mit dem *AF-C*-Modus und unvorhersehbaren Bewegungen. Die Kamera entscheidet dabei eigenständig, ausgehend vom ausgewählten Messbereich, welches der zur Verfügung stehenden Fokusmessfelder genutzt wird. Kommt beispielsweise ein weiteres kontrastreiches Objekt in den Messbereich, springt die Schärfe aber möglicherweise auf dieses Objekt.

Einzelfeldsteuerung

Bei *Einzelfeldsteuerung* fokussiert die Kamera nur auf das Objekt im zuvor ausgewählten Messfeld. Diese Einstellung ist sinnvoll bei unbewegten oder langsamen Motiven, die den Messbereich nicht verlassen. Der Messpunkt kann mit dem Multifunktionswähler unter den elf zur Verfügung stehenden Messfeldern bestimmt werden. Standardeinstellung ist der mittlere Punkt.

Bei unbewegten Motiven und in Kombination mit der Einstellung *AF-S* kann der gewählte Scharfpunkt damit auch durch Festhalten des ersten Druckpunkts am Auslöser fixiert werden.

3D-Tracking

Beim *3D-Tracking* wird das scharf zu stellende Objekt zunächst mit dem gewählten Messpunkt fixiert. Wenn sich dieses oder die Kamera bewegt, wird die Schärfe über alle elf Messfelder nachgeführt. (Gleichzeitig muss der Fokusmodus *AF-C* verwendet werden.) Dabei werden zur Identifizierung des zuvor anvisierten Aufnahmeobjekts zusätzlich auch Farbinformationen berücksichtigt – deshalb *3D*. Diese Methode bietet sich an, wenn der Ausgangspunkt einer Bewegung klar ist, die Bewegungsrichtung jedoch noch nicht. Das Objekt sollte sich zudem auch farblich deutlich vom Hintergrund abheben.

Festlegen der Messposition

Mittels der manuellen Fokusmessfeldwahl legen Sie die Messposition im Sucherbild fest. Die Einstellung erfolgt mit dem Multifunktionswähler, die Messfeldsteuerung darf dabei nicht auf *Automatische Messfeldsteuerung* gestellt sein, und die Kamera muss sich in Aufnahmebereitschaft befinden. Dazu wird der Auslöser angetippt.

Durch das Betätigen des Wippschalters am Multifunktionswähler in die gewünschte Richtung wird der Messbereich bestimmt. Ein Druck auf die OK-Taste bei angezeigter Info-Ansicht setzt den Messbereich wieder in die Mitte – zugleich die Standardeinstellung.

Auf dem Bildschirm der Kamera und bei einer manuellen Positionierung wird in der Anzeige der Aufnahmeinformationen der aktive Messbereich durch eine Verschiebung des angezeigten Messpunkts dargestellt.

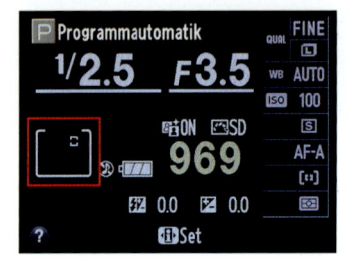

Anzeige der Verschiebung des Messfelds (Ansicht bei Einzelfeldsteuerung).

Im *Aufnahme*-Menü unter *Messfeldsteuerung* kann ebenfalls festgelegt werden, wie die Kamera das Autofokusmessfeld verwendet – *Einzelfeld*, *Dynamisch*, *Automatisch* oder *3D-Tracking*. In diesem Menü finden sich auch die speziellen Autofokusoptionen für den Live-View-Betrieb und für Filmaufnahmen. Bei einer Änderung in den Aufnahmeprogrammen *P*, *S*, *A* und *M* betrifft das immer alle diese vier Programme. Die gewählte Einstellung bleibt dann bis zu einer erneuten Änderung erhalten.

Bei der D3200 ist dabei zu beachten, dass eine Änderung der Messfeldsteuerung in einem der Motivprogramme nur so lange aktiv bleibt, wie kein anderes Programm ausgewählt wird. Bei einem Programmwechsel wird die Einstellung stets auf die für das jeweilige Programm übliche Fokusmessmethode zurückgesetzt. Die Autofokusmessmethode wechselt dann zurück zur *Automatischen Messfeldsteuerung*.

Autofokus in der Praxis

Im Folgenden zeige ich Ihnen einige Anwendungsbeispiele und Problemfälle aus der täglichen Praxis.

Ideale Anwendungen von AF-S

Optimale Voraussetzungen zum Einsatz der Kamera mit dem Einzelautofokus:

- Das Aufnahmeobjekt bewegt sich nicht oder nur sehr langsam und vorhersehbar. Stellen Sie die Fokusbetriebsart auf *AF-S* und die Messfeldsteuerung auf *Einzelfeld*.

- Das aufzunehmende Objekt befindet sich allein und unbewegt im Vordergrund. Stellen Sie die Fokusbetriebsart auf *AF-S* und die Messfeldsteuerung auf *Automatische Messfeldsteuerung*.

Ideale Anwendungen von AF-C

Optimale Voraussetzungen zum Einsatz der Kamera mit dem kontinuierlichen Autofokus:

- Das Aufnahmeobjekt bewegt sich direkt auf die Kamera zu oder von ihr weg. Stellen Sie die Fokusbetriebsart auf *AF-C* und die Messfeldsteuerung auf *Einzelfeld*.

- Das Objekt bewegt sich unvorhersehbar. Stellen Sie die Fokusbetriebsart auf *AF-C* und die Messfeldsteuerung auf *Dynamisch*.

- Das aufzunehmende Objekt befindet sich allein im Vordergrund, bewegt sich jedoch unvorhersehbar. Stellen Sie die Fokusbetriebsart auf *AF-C* und die Messfeldsteuerung auf *Automatische Messfeldsteuerung*.

- Das Objekt bewegt sich unvorhersehbar, hebt sich jedoch farblich eindeutig vom Umfeld ab. Stellen Sie die Fokusbetriebsart auf *AF-C* und die Messfeldsteuerung auf *3D-Tracking*.

Ideale Anwendungen von AF-A

- Der Fokusmodus *AF-A*, auch *AF-Automatik* genannt, ist keine eigenständige Messmethode, sondern wählt je nach Bedarf und Programmwahl unter den Scharfstellungsmethoden *AF-S* oder *AF-C* aus. Für die Motivprogramme der D3200 ist dies auch die einzige Wahl. Alternativ steht hier nur noch die manuelle Fokussierung (*MF*) zur Verfügung. Eine Anpassung der AF-Messfeldsteuerung ist hingegen möglich. Diese wird jedoch bei einem Programmwechsel wieder auf die automatische Messfeldsteuerung zurückgesetzt.

Autofokusmesswertspeicher nutzen

- Einstellung *AF-S Einzelautofokus*: Richten Sie das aktive Messfeld auf das scharf zu stellende Objekt und halten Sie den Auslöser am ersten Druckpunkt fest. Der Schärfeindikator im Sucher muss zuvor aufgeleuchtet haben, dann kann die Schärfe bis zum Durchdrücken des Auslösers beibehalten werden. Durch Druck auf die AE-L/AF-L-Taste können nun die gemessene Entfernung und die Belichtung ebenfalls gespeichert werden. Diese Speicherung bleibt auch nach dem Loslassen des Auslösers erhalten. Die AE-L/AF-L-Taste muss dann jedoch bis zur Aufnahme festgehalten werden.

- Einstellung *AF-C Kontinuierlicher Autofokus*: Um die Schärfe (und die Belichtung) an einem bestimmten Punkt zu fixieren, drücken Sie die AE-L/AF-L-Taste. Solange diese Taste gedrückt gehalten wird, verändert sich der Scharfpunkt bis zum Auslösen nicht. Halten Sie die Taste weiterhin fest, kann der fixierte Schärfebereich auch für weitere Aufnahmen genutzt werden. Beachten Sie, dass die AE-L/AF-L-Taste für diese Anwendung mittels der *Tastenbelegung* im *System*-Menü auf die Standardeinstellung (*Belichtung & Fokus speichern*) festgelegt sein muss.

Manuell scharf stellen

Stellen Sie den Fokusschalter des Objektivs auf *M*. Ob Sie dazu an der Kamera noch die Fokusmethode *MF* auswählen, ist dabei unerheblich. Der Autofokus ist jetzt deaktiviert. Scharf stellen können Sie nun nur noch über den Einstellring am Objektiv. Belassen Sie hingegen den Fokusschalter am Objektiv auf Position *A* und stellen die Fokusmethode auf *MF*, ist eine Fokussierung nicht mehr möglich, da ansonsten das Objektiv beschädigt werden könnte. Wollen Sie hingegen die aktuelle Fokussierung ohne die Gefahr einer versehentlichen Änderung beibehalten, ist diese Einstellungskombination optimal. In den Objektiveinstellungen *M/A* und *A/M* kann sowohl der Autofokus als auch die manuelle Scharfstellung der Kamera genutzt werden.

Autofokus in dunkler Umgebung

Um eine erfolgreiche Autofokussierung in dunkler Umgebung zu erreichen, verfügt die Nikon D3200 über ein Hilfslicht, das automatisch bei der Verwendung des Einzelautofokus *AF-S* aufleuchtet. Dabei muss jedoch auch das mittlere Autofokusfeld ausgewählt sein. Bei der Verwendung von *AF-C* ist es nicht aktiviert. Das AF-Hilfslicht schalten Sie über das Menü *Aufnahme/AF-Hilfslicht* ein oder aus. Bei der Nutzung von Aufnahmeprogrammen, die den *AF-C*-Modus verwenden, und bei bestimmten Motivprogrammen steht das AF-Hilfslicht grundsätzlich nicht zur Verfügung.

AF-Problemfälle und Lösungen

Das Aufnahmeobjekt ist eine gleichförmige Fläche ohne darin enthaltene Kontraste. Der Autofokus erkennt keinen Punkt, auf den er fixieren kann, und bewegt sich ständig hin und her.
Lösung: Hier ist nur eine manuelle Scharfstellung möglich.

---

28 mm • 1/60 s • f/9 • ISO 200

Aufnahmen wie diese können jeden Autofokus überfordern. Hier hilft nur eine manuelle Scharfstellung oder die Speicherung eines zuvor angemessenen Schärfepunkts.

Sie wollen durch einen Zaun oder Gitterstäbe auf ein dahinter befindliches Objekt scharf stellen, der Autofokus fokussiert jedoch auf die Gitterstäbe.
Lösung: Stellen Sie manuell scharf.

Die Umgebung ist zu dunkel, oder das Objektiv ist zu lichtschwach. Die maximale Blendenöffnung beträgt z. B. über 5,6.
Lösung: Verwendung Sie das AF-Hilfslicht oder ein externes Blitzgerät zur Aussendung eines Scharfstellmusters – mit Druck auf den Auslöser.

Das Aufnahmeobjekt im Messbereich besteht teilweise aus senkrechten oder waagerechten Linien (im Randbereich, das Zentrum des Bildes ist ohne Kontrast), der Autofokus erkennt die Distanz nicht.
Lösung: Drehen Sie die Kamera leicht oder führen Sie eine manuelle Scharfstellung durch.

Das Motiv besteht aus gleichförmigen geometrischen Mustern, der Autofokus ist irritiert.
Lösung: Wählen Sie eine manuelle Fokussierung oder fokussieren Sie auf ein Ersatzobjekt in gleicher Entfernung. Dazu verwenden Sie den Fokusmesswertspeicher.

Belichtungsmessmethoden der D3200

Die Kamera verfügt über drei verschiedene Messmethoden, die je nach Aufgabenstellung auch gezielt angewandt werden können. Diese stehen nur in den Aufnahmeprogrammen *P*, *S*, *A* und *M* zur Verfügung. Bei den Motivprogrammen wird die Wahl der Messmethode von der Kamera bestimmt, hier wird immer die Matrixmessung verwendet. Die manuelle Auswahl der Belichtungsmessmethode erfolgt nach Drücken der Info-Taste mit dem Multifunktionswähler. Mit der OK-Taste wird die Auswahl bestätigt.

Auswahl der Belichtungsmessmethode in den Aufnahmeprogrammen *P*, *S*, *A* und *M*.

Matrixmessung

Bei der Matrixmessung wird nahezu der gesamte Bildbereich erfasst, und der für die Messung verwendete 420-Pixel-RGB-Sensor in der Kamera ermittelt dann die optimale Belichtung. Die gemessenen Informationen werden zusätzlich mit den in einer Musterdatenbank in der Kamera als typisch gespeicherten Informationen verglichen, und die Belichtung wird entsprechend abgestimmt. Dabei werden vier unterschiedliche Informationsbereiche berücksichtigt:

- Die allgemeine Helligkeitsverteilung im Motiv.

- Das Muster, das sich aus der Belichtungsmessung ergibt.

- Der Fokusbereich.

- Die Entfernungseinstellung des Objektivs.

Die Matrixmessung führt in der Regel zu akzeptablen Ergebnissen, sollte jedoch optimalerweise nicht, obwohl auch dies möglich ist, in Kombination mit dem Belichtungsmesswertspeicher und der Belichtungskorrektur angewendet werden. Für die Verwendung des *Active D-Lighting* ist diese Messmethode dagegen unbedingt erforderlich.

Mittenbetonte Messung

Die mittenbetonte Messung misst ebenfalls im gesamten Bildfeld, der Schwerpunkt liegt aber auf dem mittleren Kreissegment mit einer Gewichtung von 75 %. Der Durchmesser wird im Sucher der D3200 leider nicht angezeigt. Die Größe beträgt ca. 8 mm, und der Radius liegt schätzungsweise zwischen dem mittleren Fokuspunkt und den umliegenden Fokuspunkten. Diese Messung eignet sich vor allem für formatfüllende, bildwichtige Objekte wie z. B. Porträts und sollte bei der Verwendung von Filtern vor dem Objektiv mit einem Verlängerungsfaktor größer als 1 verwendet werden.

Spotmessung

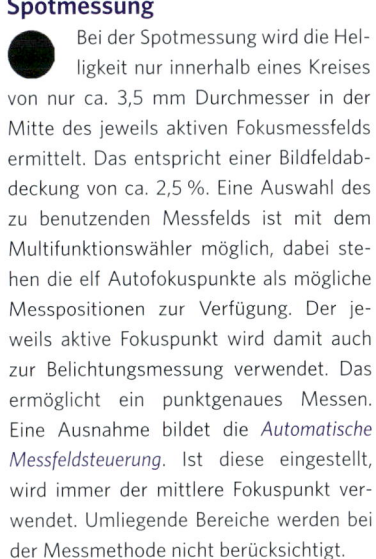

Bei der Spotmessung wird die Helligkeit nur innerhalb eines Kreises von nur ca. 3,5 mm Durchmesser in der Mitte des jeweils aktiven Fokusmessfelds ermittelt. Das entspricht einer Bildfeldabdeckung von ca. 2,5 %. Eine Auswahl des zu benutzenden Messfelds ist mit dem Multifunktionswähler möglich, dabei stehen die elf Autofokuspunkte als mögliche Messpositionen zur Verfügung. Der jeweils aktive Fokuspunkt wird damit auch zur Belichtungsmessung verwendet. Das ermöglicht ein punktgenaues Messen. Eine Ausnahme bildet die *Automatische Messfeldsteuerung*. Ist diese eingestellt, wird immer der mittlere Fokuspunkt verwendet. Umliegende Bereiche werden bei der Messmethode nicht berücksichtigt.

Arbeitsweise der Betriebsarten P, A, S, M

Durch Auswahl der verwendeten Belichtungssteuerung wird festgelegt, wie sich Belichtungszeit und Blende bei der Aufnahme verhalten. Dabei stehen neben den mit grafischen Symbolen versehenen Motivprogrammen die vier Aufnahmemodi P, S, A und M zur Verfügung, die durch Drehen des Funktionswählrads eingestellt werden können.

Programmautomatik (P)

Wenn Sie mit der Programmautomatik P arbeiten, überlassen Sie die Bildgestaltung hauptsächlich der Kamera. Diese bestimmt je nach vorhandener Helligkeit das Verhältnis von Zeit- und Blendeneinstellung. Durch eine Programmverschiebung ist das bei der Nikon D3200 jedoch nochmals anpassbar. Durch Drehen des Einstellrads an der Rückseite der Kamera wird eine andere Zeit-Blende-Kombination gewählt. Dazu muss die vorhandene Helligkeit allerdings auch ausreichen. Auf dem Monitor erscheint bei Aktivierung ein Sternchen neben dem Programmsymbol:

P* P*. Durch erneutes Drehen kann diese Funktion auch wieder deaktiviert werden.

Das Drehen des Einstellrads nach links bewirkt die Verwendung einer kleineren Blende zur Steigerung der Schärfentiefe und den Einsatz einer längeren Belichtungszeit zur Erzeugung von Bewegungsunschärfe. Das Drehen des Einstellrads nach rechts öffnet die Blende und verkürzt die Belichtungszeit. Diese Einstellung eignet sich zur Verringerung der Schärfentiefe und zum Einfrieren von Bewegungen.

Liegt die erforderliche Belichtungskombination außerhalb des Messbereichs, blinkt die Anzeige im Sucher, und es erscheint auf dem Monitor eine dieser Meldungen:

- *Motiv ist zu hell*: Zur Korrektur sollten Sie die Empfindlichkeit (ISO) verringern oder einen neutralen Graufilter vor dem Objektiv verwenden.

- *Motiv ist zu dunkel*: Fotografieren Sie mit Blitz oder erhöhen Sie die Empfindlichkeit (ISO).

Die Programmautomatk P ermöglicht im Unterschied zu den Vollautomatiken mit den Motivsymbolen (grüne Kamera und *Blitz aus*) alle verfügbaren Einstellungsoptionen. Hier vorgenommene Einstellungen sind zugleich auch für die Aufnahmeprogramme S, A und M verfügbar. Zudem ist ein Eingreifen in die Belichtung mittels Belichtungskorrektur und Blitzbelichtungskorrektur möglich.

Blendenautomatik (S)

Die Blendenautomatik S regelt die Belichtung nach einer vorher eingestellten Zeit. Die für die richtige Lichtmenge erforderliche Blende wird dabei automatisch angepasst. Sie bestimmen dadurch über eine mögliche Unschärfe durch Verwischung oder Verwacklung der Bewegung bei der Aufnahme. In Fällen, in denen solch eine Bewegungsunschärfe oder Schärfe von Bedeutung ist, sollten Sie diese Automatik bevorzugen.

Bei der Blendenautomatik wird die Belichtungszeit durch Drehen des Einstellrads vorgegeben, und das Messsystem ermittelt die zur korrekten Belichtung erforderliche Blende. Dabei kann eine Belichtungszeit zwischen 1/4000 und 30 Sekunden gewählt werden.

Liegt die erforderliche Belichtungskombination außerhalb des Messbereichs, blinkt die Sucheranzeige, und auf dem Monitor erscheint eine dieser Anzeigen:

- *Motiv ist zu hell*: Zur Anpassung wählen Sie eine kürzere Belichtungszeit, verringern die ISO-Empfindlichkeit oder verwenden einen neutralen Graufilter.

- *Motiv ist zu dunkel*: Wählen Sie eine längere Belichtungszeit, erhöhen Sie die Empfindlichkeit oder fotografieren Sie mit Blitzlicht.

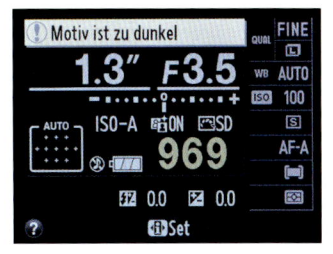

Die Monitoranzeige sagt Ihnen, dass das Motiv zu dunkel ist. Die eingeblendete Belichtungsskala zeigt den Wert der Unterbelichtung an. Bei dieser Anzeige kann auch die ISO-Automatik die Belichtung nicht mehr ausgleichen.

Zeitautomatik (A)

Die Zeitautomatik *A* regelt die zur richtigen Belichtung erforderliche Zeit nach der voreingestellten Blende. Dadurch bestimmen Sie den Bereich der Schärfentiefe bei der Gestaltung Ihrer Aufnahme. Wenn Sie die Schärfentiefe als gestalterisches Mittel nutzen möchten, bietet sich diese Einstellung an.

70 mm • 1/2000 s • f/5,6 • ISO 3200

Für Aufnahmen, bei denen es darum geht, die Belichtungszeit möglichst kurz zu halten, eignet sich die Blendenautomatik *S* sehr gut. Die Belichtungszeit wird voreingestellt.

Bei dieser Automatik wird durch Drehen des Einstellrads die Blende vorgegeben, und das Messsystem ermittelt die erforderliche Belichtungszeit. Die einstellbare Blende ist abhängig vom jeweils verwendeten Objektiv.

Liegt die erforderliche Belichtungskombination außerhalb des Messbereichs, blinkt die Sucheranzeige, und auf dem Monitor erscheint eine dieser Anzeigen:

- *Motiv ist zu hell*: Wählen Sie eine kleinere Blendenöffnung (höheren Blendenwert), verringern Sie die ISO-Empfindlichkeit oder verwenden Sie einen Graufilter.

- *Motiv ist zu dunkel*: Wählen Sie eine größere Blendenöffnung (geringeren Blendenwert), erhöhen Sie die ISO-Empfindlichkeit oder verwenden Sie ein Blitzgerät.

Die Aufnahmemodi *P*, *S* und *A* sowie alle anderen Aufnahmeprogramme außer *M* stehen nur bei der Verwendung von prozessorgesteuerten Objektiven (mit CPU) zur Verfügung.

Manuelle Belichtungssteuerung (M)

Die manuelle Einstellung *M* ermöglicht eine Belichtungssteuerung durch individuelles Anpassen von Belichtungszeit und Blende. Abhängig von der jeweiligen Aufnahmesituation und der vorhandenen Helligkeit können dadurch Bewegungsunschärfe und Schärfentiefe gezielt geregelt werden. Durch eine Anpassung der ISO-Empfindlichkeit ist eine weitere Steuerung der Aufnahme möglich. Die Belichtungszeit wird durch Drehen des hinteren Einstellrads vorgegeben. Um die Blende einzustellen, drücken Sie die Belichtungskorrekturtaste und drehen dann das Einstellrad.

Auch in der Einstellung *M* kann es zu der Meldung *!Das Motiv ist zu dunkel* bzw. *!Das Motiv ist zu hell* kommen. Auslösung und Einstellung der Kamera werden davon jedoch nicht beeinflusst.

---

38 mm • 1/200 s • f/4 • ISO 200

Ein Motiv wie dieses eignet sich ausgezeichnet zur Verwendung der Zeitautomatik (*A*). Insbesondere bei Nahaufnahmen kommt es auch auf die richtige Blendeneinstellung an.

---

32 mm • 1/60 s • f/4 • ISO 450

Außergewöhnliche Situationen können auch spezielle Einstellungen der Belichtung erforderlich machen. Bei dieser Nachtbaustelle war jede Automatik überfordert.

Kapitel 4 - *Autofokus und Belichtung*

Bei der manuellen Belichtungssteuerung können Sie die Belichtungszeit zwischen 1/4000 und 30 Sekunden variieren. Die Langzeitbelichtung *B* steht in der Einstellung *bulb* zur Verfügung. Damit bleibt der Verschluss so lange geöffnet, wie Sie den Auslöser gedrückt halten. Für eine erschütterungsfreie Auslösung benötigen Sie eine Fernsteuerung (Nikon bietet hierfür den Anschluss für den Fernauslöser MC-DC2 mit Kabel oder den kabellosen Fernauslöser ML-L3 an). Damit kann der Verschluss in der Einstellung *bulb* bis zu 30 Minuten geöffnet bleiben. Bei Langzeitbelichtungen sollten Sie unbedingt verhindern, dass ein Lichteinfall über das Sucherokular stattfindet, dieses muss deshalb zuvor mit der mitgelieferten Abdeckung DK-5 verschlossen werden.

Die Belichtung wird gemessen nach dem Druck auf den Auslöser bis zum ersten Druckpunkt, der gemessene Wert bleibt bis zur Abschaltung des Messsystems aktiv. Die Anzeige erfolgt mittels einer Skala auf dem Monitor durch Anzeige der Aufnahmeinformationen (Info-Taste) sowie im Sucher und kann durch Drehen des Einstellrads angepasst werden. Nach Anpassung und Scharfstellung wird dann die Kamera ausgelöst.

Bei der D3200 werden Belichtungszeit und Blendeneinstellung durch Drehen des hinteren Einstellrads angepasst. Das Drehen des Einstellrads mit Festhalten der Belichtungskorrekturtaste (Blendensymbol) verändert bei einer manuellen Belichtungssteuerung den Blendenwert. Dies wird durch das Blendensymbol neben der Taste angezeigt. Ein Drehen des Einstellrads ohne Tastendruck verändert die Belichtungszeit.

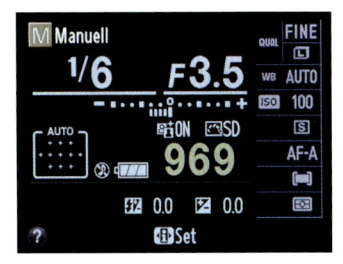

Ansicht der Aufnahmeinformationen bei manueller Belichtungsanpassung. Die Teilstriche in der Belichtungsskala zeigen eine geringe Unterbelichtung (hier 2/3 EV) an.

Sichtbare Striche nach links oder rechts neben *0* zeigen jeweils im Minusbereich (Unterbelichtung) oder Plusbereich (Überbelichtung) in 1/3-EV-(LW-)Stufen den ermittelten Wert an. Ein Pfeilsymbol neben den Strichen bedeutet, dass der Messwert über den Skalenbereich hinausgeht. Wird nur noch die *0* ohne Striche daneben angezeigt, ist die Belichtung nach dem Messsystem abgeglichen.

Um gezielt von der durch die Kamera ermittelten Belichtungszeit abzuweichen, muss die ISO-Automatik deaktiviert werden. Ansonsten wird die Belichtung über die ISO-Anpassung wieder ausgeglichen.

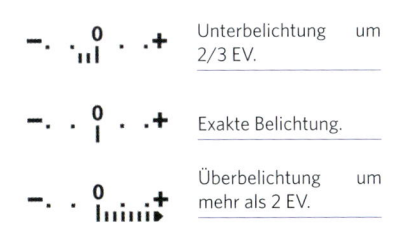

Unterbelichtung um 2/3 EV.

Exakte Belichtung.

Überbelichtung um mehr als 2 EV.

Anzeigen der Belichtungsskala: Die Teilstriche unter dem Nullpunkt zeigen hier die Unter- und Überbelichtung an. Die Punkte neben der Null auf der oberen Linie stehen für jeweils 1 Lichtwert. Bei Anzeige des Pfeils beträgt die Fehlbelichtung mehr als zwei Lichtwerte.

ISO-Automatik

Aktivieren Sie die ISO-Automatik, wird auf dem Monitor *ISO-A* und im Sucher *ISO-AUTO* angezeigt. Dabei wird die Empfindlichkeit zwischen ISO 100 und dem mit maximaler Empfindlichkeit eingestellten Wert automatisch angepasst – wenn keine optimale Belichtung mit dem vorgegebenen ISO-Wert mehr möglich ist. Die maximale Empfindlichkeit und die längste verwendbare Belichtungszeit können im Untermenü der ISO-Empfindlichkeitseinstellung voreingestellt werden (Menü *Aufnahme/ISO-Empfindlichkeits-Einst.*).

Diese längste Belichtungszeit wird von den Programmautomatiken so lange wie möglich beibehalten, und erst wenn das nicht mehr möglich ist, wird die Empfindlichkeit entsprechend den Aufnahmebedingungen erhöht. Bei kürzeren Belichtungszeiten wird also die ISO-Automatik nicht aktiv, und es wird die jeweils eingestellte ISO-Empfindlichkeit zur Aufnahme verwendet. Für die Motivprogramme stehen diese Anpassungsoptionen nicht zur Verfügung. Hier kann jedoch die ISO-Automatik oder eine bestimmte ISO-Einstellung ausgewählt werden.

Die Einstellungsoptionen für die maximale Empfindlichkeit liegen zwischen ISO 100 und Hi1 (ISO 12800). Die längste Belichtungszeit ist variierbar zwischen einer und 1/2000 Sekunde. Die Option *Automatisch* bezieht sich auf die jeweils verwendete Brennweite. Damit wird die längste Belichtungszeit automatisch so angepasst, dass Unschärfen durch Verwacklung bei Aufnahmen aus der Hand vermieden werden. Diese Funktion ist jedoch nur für Objektive mit CPU verfügbar, bei allen anderen Objektiven wird stattdessen die Einstellung 1/30 Sekunde verwendet.

Einstellungsoptionen der *ISO-Automatik*. Obere Bildreihe: Auswahl der maximalen Empfindlichkeit, untere Reihe: Auswahl der längsten Belichtungszeit.

In den Aufnahmeprogrammen *P* und *A* wird eine automatische Anpassung der Empfindlichkeit immer dann vorgenommen, wenn das Bild mit den voreingestellten Werten über- oder unterbelichtet würde.

Im Aufnahmeprogramm *S* wird die Empfindlichkeit automatisch angepasst, sobald die erforderliche Belichtung außerhalb der möglichen Blendenanpassung liegt.

Im manuellen Belichtungsmodus *M* erfolgt eine Anpassung durch die ISO-Automatik dann, wenn die richtige Belichtung nicht mit den eingestellten Zeit- und Blendenwerten erreicht werden kann. Dabei ist der ISO-Wert durch die eingestellte maximale Empfindlichkeit begrenzt. Kann eine Anpassung damit nicht erreicht werden, blinkt ein Teil der Belichtungsskala.

Kapitel 4 - *Autofokus und Belichtung*

Bei Aufnahmen mit Blitzlicht und Verwendung der ISO-Automatik wird eventuell auch die Blitzleistung angepasst. Bei einer Langzeitsynchronisation in den Programmen *P* oder *S* kann dabei möglicherweise der Vordergrund unterbelichtet werden. Bei Verwendung der Zeitautomatik *A* oder der manuellen Einstellung *M* tritt dieses Problem dagegen in der Regel nicht auf.

In den Motivprogrammen wird standardmäßig eine ISO-Automatik festgelegt. Diese passt bei zu dunkler Umgebung den ISO-Wert an. Besondere Vorgaben wie bei den Aufnahmeprogrammen *P*, *S*, *A* und *M* sind jedoch nicht möglich.

Messmethoden und Erfahrungswerte

Welche der zuvor genannten Belichtungsmessmethoden Sie wählen, wird von der jeweiligen Aufnahmesituation und Ihren Vorlieben bestimmt sein. Zu jeder Methode gibt es Erfahrungswerte, die in der Regel zu noch besseren Ergebnissen führen.

Wichtiges zur Matrixmessung

Bei der Matrixmessung ist zu beachten, dass in einer Standardaufnahmesituation mit geringen Kontrasten kaum Messfehler auftreten werden. Weist das Motiv jedoch sehr starke Kontraste auf, neigt die Kamera dazu, das Bild unterzubelichten. Dies ist in den meisten Fällen jedoch kein Fehler, da bei einer Nachbearbeitung die dunkleren Stellen wieder aufgehellt werden können.

In dunkler Umgebung tendiert das Messsystem dazu, die mittleren Sucherbereiche stärker zu bewerten. Helle Motive, die sich nur im unteren Bildteil des Suchers

45 mm • 1/500 s • f/4 • ISO 200

Ein ideales Motiv für die Anwendung der Matrixmessung.

befinden, sowie Motive, die sich lediglich streifenweise durch das Bild ziehen, werden oftmals falsch bewertet, da dies nicht einer vergleichbaren Aufnahmesituation entspricht.

Diese Messmethode eignet sich nicht optimal zur Anwendung von Belichtungskorrekturen mittels der Belichtungskorrek-

45 mm • 1/500 s • f/5 • ISO 200

Dieses Motiv wurde mit der mittenbetonten Messung aufgenommen. Die Belichtung wurde um +0,3 EV korrigiert.

turtaste. Dennoch kann sie dazu genutzt werden. Kann mit der Matrixmessung keine befriedigende Belichtung erzielt werden, sollten Sie mit der mittenbetonten Messung oder der Spotmessung arbeiten. Bei diesen Messmethoden ist auch die Belichtungskorrektur optimal einsetzbar.

Die Verwendung des Belichtungsmesswertspeichers mithilfe der AE-L/AF-L-Taste bringt mit der Matrixmessung ebenfalls nicht immer die erhoffte Wirkung. Diese Anwendung eignet sich ebenfalls am besten für die mittenbetonte Messung oder Spotmessung.

Matrixmessung

Mittenbetonte Messung

Spotmessung

Mittenbetonte Messung und Spotmessung

Die mittenbetonte Messung teilt das Bild in einen Messkreis (Durchmesser ca. 8 mm) in der Bildmitte, der bei der Belichtungsermittlung mit ca. 75 % gewertet wird, und das Umfeld, das mit den restlichen 25 % gewichtet wird. Dadurch lässt sich die Helligkeit bei einem Motiv, das sich im zentralen Messbereich befindet und in etwa einem mittleren Grauwert entspricht, sehr genau bestimmen. Die mittenbetonte Messung sollte auch bei Einsatz eines Filters vor dem Objektiv mit einem Verlängerungsfaktor über 1,0 verwendet werden.

Der wesentlich kleinere Messkreis von nur ca. 3,5 mm bei der Spotmessung entspricht in etwa 2,5 % des gesamten Sucherbildes. Die umliegenden Bereiche werden bei dieser Messung nicht berücksichtigt. Dabei kann der jeweils aktive Autofokussensor als Messpunkt genutzt werden. Falls nicht anders eingestellt, wird dies der zentrale Punkt in der Suchermitte sein. Bei Anwendung der automatischen Messfeldsteuerung wird immer der mittlere Punkt zur Ermittlung der Belichtung genutzt, unabhängig von den jeweils zur Scharfstellung verwendeten Fokuspunkten.

Mittelwert zur manuellen Belichtung errechnen

Jeder Bildbereich kann mit der Spotmessung individuell angemessen werden,

Belichtungsvergleiche mit den verschiedenen Messmethoden. Von oben nach unten: Matrixmessung, mittenbetonte Messung und Spotmessung. Für die Spotmessung wurde der zentrale Fokuspunkt in der Bildmitte verwendet. Je nach Motiv und Helligkeitsverteilung können durch den Wechsel des Messsystems große oder auch nur geringe Belichtungsunterschiede auftreten.

Kapitel 4 - *Autofokus und Belichtung*

um den Kontrastumfang eines Motivs zu ermitteln. Aus den hellsten und den dunkelsten Bereichen im Motiv kann dann ein Mittelwert errechnet werden, der zur Einstellung der manuellen Belichtung dient. Überschreitet der gemessene Kontrastumfang die bei der späteren Bildausgabe erforderlichen EV-Werte, muss entweder die Beleuchtung angepasst oder der Schwerpunkt auf die bildwichtigsten Bereiche verschoben werden.

Bei statischen Motiven und wenn Sie ein Stativ im Einsatz haben, können Sie auch eine Belichtungsreihe erstellen und die Einzelbilder später in der digitalen Bearbeitung zu einem Gesamtbild verrechnen. Die Einzelbilder müssen dabei absolut deckungsgleich sein. Dies erfordert auch das Beibehalten der genutzten Blendeneinstellung und der Fokussierung.

Bei der Belichtungsreihe zur späteren Bildmontage darf demnach lediglich die Belichtungszeit, nicht aber die Blende verändert werden, da die Teilbilder ansonsten durch unterschiedliche Schärfentiefe nicht deckungsgleich sind. Dieselbe Methode wird auch zur Erstellung von HDR-Aufnahmen (HDR = High Definition Range) genutzt. Dabei werden unterschiedliche Belichtungen desselben unbewegten Motivs erstellt und mittels eines speziellen Bildbearbeitungsprogramms deckungsgleich montiert. So kann auch ein extremer Kontrastumfang in einem Motiv gespeichert werden. Das dazu verwendete Dateiformat (z. B. *radiance.hdr*) mit einer Farbtiefe von 32 Bit kann diese Werte zwar speichern, zur Bildausgabe müssen sie jedoch wieder in ein ausgabefähiges Format umgewandelt werden. Dabei entstehen je nach Vorgaben und Motiv auch mehr oder weniger abstrakte Bilder.

Hier eine „nicht zu dick aufgetragene" HDR-Aufnahme, entstanden aus einer Belichtungsreihe mit anschließender Bildmontage und Tonwertanpassung zur Ausgabe.

Belichtungsmesswertspeicher nutzen

In den Aufnahmebetriebsarten *P*, *S*, *A* und *M* sowie bei eingestellter mittenbetonter oder Spotmessung können Sie den zu messenden Bereich innerhalb Ihres Motivs mit dem Multifunktionswähler verlagern (der aktive Autofokuspunkt wird dabei auch zur Belichtungsermittlung verwendet) und durch Festhalten der AE-L/AF-L-Taste speichern. In den Aufnahmeprogrammen *AUTO* und *Blitz aus* ist diese Taste deaktiviert. In allen anderen Motivprogrammen ist die Belichtungsmesswertspeicherung möglich, wird aber nicht empfohlen, da diese Programme ausschließlich mit der Matrixmessung arbeiten.

Gehen Sie folgendermaßen vor: Fixieren Sie mit dem ausgewählten Fokusmessfeld den bildwichtigen Bereich in Ihrem Motiv und drücken Sie den Auslöser zum ersten Druckpunkt. Halten Sie den Druckpunkt und drücken Sie dann die AE-L/AF-L-Taste

AE-L AF-L zum Festlegen des Belichtungsmesswerts und der Fokussierung. Im Sucher leuchtet dabei die Anzeige *AE-L* auf. Verändern Sie nun den Bildausschnitt entsprechend Ihren Vorstellungen, ohne die AE-L/AF-L-Taste loszulassen, und lösen Sie die Kamera aus.

Der Belichtungsmesswert und die Fokussierung bleiben dadurch für die Aufnahme erhalten. Halten Sie lediglich den Druckpunkt des Auslösers fest, bleibt die Fokussierung bestehen (im *AF-S*-Aufnahmemodus), aber die Belichtung passt sich der neuen Situation an. Im Menü *System/Tastenbelegung* lässt sich die AE-L/AF-L-Taste jedoch auch anderweitig belegen. Wollen Sie beispielsweise verhindern, dass gleichzeitig die Fokussierung durch Festhalten der AE-L/AF-L-Taste fixiert wird, empfiehlt sich die Einstellung *Belichtung speichern*.

Ist der Belichtungsmesswertspeicher aktiviert, kann das verwendete Belichtungsmesssystem nicht geändert werden. Eine Änderung wird jedoch sofort nach dem Loslassen der AE-L/AF-L-Taste vorgenommen. Bei aktiviertem Messwertspeicher sind folgende Programmänderungen ohne Verlust des Messwerts möglich:

Abweichen von den Belichtungswerten

Um gezielt von den Belichtungswerten abzuweichen, drücken Sie die Belichtungskorrekturtaste und drehen das Einstellrad.

Anwendung der Belichtungskorrektur mit Belichtungskorrekturtaste und Einstellrad. Dazu sehen Sie die Ansicht in den Aufnahmeeinstellungen.

Der gewünschte Korrekturwert und das Belichtungskorrektursymbol werden auf dem Monitor und im Sucher zusammen mit einem Plus- oder Minussymbol angezeigt. Die Belichtungskorrektur kann in Schritten von 1/3 EV zwischen +5 EV und –5 EV eingestellt werden. Bei der Verwendung von Blitzlicht werden sowohl die gesamte Belichtung als auch die Blitzlichtstärke beeinflusst.

Dies ist nur möglich in den halbautomatischen Aufnahmemodi *P*, *S* und *A*. Bei der manuellen Belichtungssteuerung *M* findet

Einstellung	Programmänderung
Programmautomatik (P)	Programmverschiebung (Drehen des Einstellrads).
Blendenautomatik (S)	Belichtungszeit (Drehen des Einstellrads).
Zeitautomatik (A)	Blende (Drehen des Einstellrads).

Die Belichtungsmessmethode kann bei aktiviertem Belichtungsmesswertspeicher nicht geändert werden.

Kapitel 4 - *Autofokus und Belichtung*

keine Belichtungskorrektur statt, in dieser Einstellung wird stattdessen der Blendenwert angepasst. Für die Motivprogramme steht die Belichtungskorrektur nicht zur Verfügung. Eine Korrektur bei manueller Einstellung wird einfach durch das Verändern des Zeit- oder Blendenwerts durchgeführt, dabei ist darauf zu achten, dass die ISO-Automatik abgeschaltet ist. Die Anwendung der Belichtungskorrektur ist am effektivsten, wenn die mittenbetonte Messung oder die Spotmessung eingesetzt wird. Um die Belichtungskorrektur wieder zurückzustellen, setzen Sie den Wert zurück auf *0.0*. Beachten Sie, dass bei Abschaltung der Kamera der korrigierte Wert nicht zurückgesetzt wird!

45 mm • 1/250 s • f/2,5 • ISO 200

Um die Zeichnung in der Skulptur zu erhalten, wurde eine Belichtungskorrektur von +1,3 EV vorgenommen.

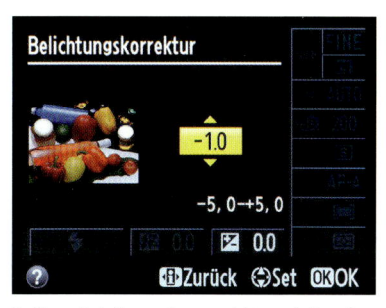

Eine Anpassung der *Belichtungskorrektur* kann auch über die Informationsansicht nach Drücken der Info-Taste vorgenommen werden.

Das Angebot an Objektiven für Ihre D3200 ist groß. Hier finden Sie eine Auswahl an aktuellen Nikon-Objektiven, die sich optimal für den Einsatz an der Nikon D3200 eignen. Viele Tipps, für welche Anwendung welche Optik eingesetzt werden kann, runden dieses Kapitel ab. Bei der Auswahl wurden, unter Berücksichtigung des Kosten-Nutzen-Verhältnisses, Kriterien zur Leistung und des Einsatzes in den jeweiligen Aufgabengebieten zugrunde gelegt.

Nikon ED
AF-S NIKKOR 300mm 1:2.8G
MADE IN JAPAN

VR OFF ON

VR

ft m

M/A M

5 Objektive für die D3200

Riesige Auswahl im Objektivpark

Mit der Nikon D3200 haben Sie sich für eine Kamera im DX-Format entschieden. Speziell für dieses Format steht eine Vielzahl an neuen und hochwertigen Objektiven zur Verfügung. Unter Berücksichtigung des sogenannten Crop-Faktors ist jedoch auch die Verwendung von Objektiven aus dem analogen Bereich oder von Objektiven, die für das Nikon-FX-Format gefertigt wurden, möglich. Dieser größere Sensor in der Größe 24 x 36 mm entspricht den Abmessungen eines Kleinbildfilms.

- **DX-Format**
  Der verwendete Sensor hat eine Größe von 23,6 x 15,8 mm.

- **Crop-Faktor**
  Die Brennweite von Objektiven aus dem Kleinbildbereich oder für das FX-Format verlängert sich um den Faktor 1,5.

Optimal für die D3200 sind neuere Objektive im DX-Format vom Typ AF-S und mit der Bezeichnung G oder D. Diese ermöglichen die Verwendung aller Funktionen des Autofokus und der Belichtungssteuerung. Sofern die Objektive über einen Bildstabilisator (VR) verfügen, wird dieser ebenfalls unterstützt. Objektive vom Typ AF mit CPU können auch sehr gut verwendet werden, die Fokussierung kann dann allerdings nur manuell erfolgen. Objektive ohne CPU sind bedingt verwendbar, aber ohne Belichtungsmessung und Fokussierung durch die Kamera.

> **Brennweitenangaben**
>
> Nikon gibt für seine Objektive immer die Normalbrennweite an. Diese wurde für Kameras im Kleinbild- oder heutigen FX-Format berechnet. Dabei entspricht eine Brennweite von 50 mm in etwa der Diagonale des FX-Sensors. Diese Brennweite wird auch als Normalobjektiv bezeichnet. Die effektive Brennweite im kleineren DX-Format erhöht sich dabei um den Faktor 1,5 (Crop-Faktor). Das Objektiv mit der Brennweite von 50 mm entspricht daher an einer DX-Kamera einer realen Brennweite von 75 mm. Die Bilddiagonale für eine DX-Kamera entspricht ca. 33 mm. Nikon bietet dazu Objektive mit 35 mm als Normalbrennweite für das DX-Format an.

Anschluss am Nikon-F-Bajonett

Wie alle Nikon-Spiegelreflexkameras ist auch die D3200 mit dem Nikon-F-Bajonett ausgerüstet. Es erlaubt den Anschluss des gesamten Sortiments an Nikon-eigenen Objektiven und einer großen Anzahl von Objektiven anderer Hersteller, die mit

Das Nikon-F-Bajonett.

diesem Anschluss versehen sind. Welche Objektive für Sie infrage kommen, ist zum einen von Ihrer Art zu fotografieren und Ihren Motiven abhängig, zum anderen sicherlich aber auch von der Größe Ihres Geldbeutels.

Als Verbindungsglied zwischen Objektiv und Kamera ist der Bajonettanschluss eine empfindliche Stelle. Bei allen Nikon-Spiegelreflexkameras beträgt das Auflagemaß, der Abstand zwischen Bajonett- und Sensorebene, genau 46,5 mm und ist mit einer Präzision von 0,02 mm justiert. Besonders bei Aufnahmen mit langen Brennweiten und entsprechend schweren Objektiven ist deshalb darauf zu achten, dass es nicht beschädigt und dejustiert wird. Ansonsten ist keine optimale Scharfzeichnung mehr möglich.

Auf die Lichtstärke kommt es an

Unter dem Begriff Lichtstärke versteht man die maximale Anfangsöffnung der Blende eines Objektivs. Die Bezeichnung entspricht einer Verhältniszahl, z. B. 1 : 2,8. Diese Angabe bezeichnet die größtmögliche Blende (hier 2,8), die mit diesem Objektiv einstellbar ist. Je größer die maximale Blendenöffnung, umso länger kann auch bei schwachem Licht noch ohne Stativ fotografiert werden. Weitere Effekte einer großen Anfangsöffnung sind ein helleres Sucherbild und die Erweiterung des Schärfentiefebereichs. Aufnahmen mit maximaler Blendenöffnung ermöglichen zugleich auch die geringste Schärfentiefe. Lichtschwächere Objektive benötigen zur Verwendung in dunklerer Umgebung eher ein Stativ und den Einsatz längerer Belichtungszeiten, sind aber zumeist leichter und kostengünstiger als besonders lichtstarke Objektive.

180 mm • 1/400 s • f/4 • ISO 200

Eine hohe Lichtstärke ermöglicht auch Aufnahmen unter ungünstigen Lichtverhältnissen wie bei dieser Theateraufnahme.

Perspektive und Aufnahmeposition

Die Perspektive wird ausschließlich durch die Aufnahmeposition bestimmt. Je nach verwendetem Objektiv verändert sich jedoch die Darstellung im Bild. Weitwinkelobjektive erzeugen eine steile Bilddarstellung, der Vordergrund in einem Bild zeigt sich betont groß. Bei der Verwendung von Teleobjektiven wird dagegen das Bild komprimiert, Vorder- und Hintergrund erscheinen dichter gedrängt. Tatsächlich ist jedoch der gleiche Effekt, bei einer entsprechenden Ausschnittvergrößerung, auch bei einer Aufnahme mit dem Weitwinkel- oder Normalobjektiv zu erreichen. Die Umsetzung wird jedoch durch die Auflösung des Bildes begrenzt.

20 mm • 1/1000 s • f/4 • ISO 100

Die Perspektive wird durch die Kameraposition bestimmt. Ein Weitwinkelobjektiv und der Bildbeschnitt verstärken hier die Wirkung. Der Fernsehturm scheint nach hinten wegzukippen.

Bokeh, abhängig vom Objektiv

Der Begriff Bokeh wurde aus dem englischen Sprachgebrauch übernommen und stammt vermutlich ursprünglich vom japanischen Wort „boke" ab, das so viel wie unscharf oder verschwommen bedeutet. In der Fotografie wird dieser Begriff für eine Qualitätsbezeichnung bei der Darstellung von unscharfen Bildbereichen verwendet. Dabei geht es um eine subjektiv und ästhetisch aufgefasste Art der Darstellung, erzeugt durch das jeweils verwendete Objektiv.

Brennweite 70 mm, Blende f/4,5

Brennweite 100 mm, Blende f/4,5

Brennweite 135 mm, Blende f/4,8

Brennweite 200 mm, Blende f/5,3

Brennweite 300 mm, Blende f/5,6

Bildbeispiele für das Bokeh des AF-S VR Zoom-NIKKOR 70-300 mm 1:4,5-5,6G. Für jede Brennweiteneinstellung wurde die maximale Offenblende verwendet. Die Lichtreflexe im Hintergrund erzeugen Unschärfescheibchen. Das Porträt wurde mit Blitzlicht aufgehellt.

Das Bokeh wird insbesondere durch die im Bild dargestellte Form der Zerstreuungskreise bestimmt. Dabei spielt die verwendete Blendenform eine wesentliche Rolle. Je runder die Blendenlamellen im Objektiv angeordnet sind, desto angenehmer empfindet man in der Regel auch das Bokeh. Zerstreuungskreise erscheinen im Bild als helle Scheiben, erzeugt durch die unscharfe Fokussierung auf helle Punkte oder auch Lichter vor dunklerer Umgebung.

Ein weiterer Faktor in der Beeinflussung des Bokeh ist die Bauart und optische Korrektur des jeweiligen Objektivs. Ausschlaggebend ist hier vor allem die Korrektur der sphärischen Aberration. Je nach Korrektur verändern sich die Zerstreuungskreise in den Randbereichen. Die Randschärfe oder Kontur dieser Kreise kann zwischen sehr weich und extrem hart mit möglichen Doppelkonturen verlaufen. Je weicher und sanfter der Übergang zwischen helleren und dunkleren Bereichen verläuft, desto angenehmer ist wiederum das Bokeh. Besonders wichtig wird das bei lichtstarken Objektiven und Teleobjektiven, z. B. bei der Verwendung im Porträt- oder Makrobereich. Hier wird der Effekt einer selektiven Unschärfe besonders oft genutzt, und ein gutes Bokeh steigert die Attraktivität des Bildes.

Brennweite: 35 mm • Lichtstärke: 1 : 1,8 • Naheinstellgrenze: 0,3 m • Filtergröße: 52 mm • Objektivaufbau: 8 Linsen in 6 Gruppen • Gewicht: 210 g.

Ideale Objektive für die D3200

Hier finden Sie mit Informationen und Beschreibungen eine kleine Auswahl an aktuellen Nikon-Objektiven, die sich optimal für den Einsatz an der Nikon D3200 eignen.

AF-S DX NIKKOR 35 mm 1 : 1,8G

Erstmals bietet Nikon eine Normalbrennweite passend für das DX-Format an. Mit 35 mm entspricht die Brennweite in der Bildwirkung in etwa dem 50-mm-Objektiv aus dem analogen oder dem FX-Bereich. Verkaufsstart war März 2009. Der Bildwinkel entspricht in etwa der Bilddiagonale, und der Anwender erhält damit zugleich ein besonders leises und schnelles Spitzenobjektiv mit einer natürlich wirkenden Perspektive. Die hohe Lichtstärke ermöglicht ein kreatives Arbeiten auch unter ungünstigen Lichtbedingungen und erlaubt auch eine geringe Schärfentiefe. Die Autofokusbetriebsart ist umschaltbar zwischen M/A und M. Durch die Innenfokussierung bleibt die Frontlinse unbewegt und ist damit geeignet für Polfilter und anderes Zubehör. Das Objektiv besitzt zudem eine Gummidichtung am Bajonett zum besonderen Schutz gegen Feuchtigkeit. Weitere Highlights: das besonders helle Sucherbild, hohe Auflösung und große Brillanz. Sieben abgerundete Blendenlamellen ermöglichen ein angenehmes Bokeh.

AF-S DX NIKKOR 18-55 mm 1 : 3,5-5,6G VR

Das Zoomobjektiv AF-S DX NIKKOR 18-55 mm 1:3,5-5,6G VR ist nicht nur leicht, sondern auch überaus leistungsstark. Durch seinen dreifachen Zoombereich ist diese Optik hervorragend geeignet für eine große Anzahl von Aufnahmesituationen. Der besonders leise eingebaute Silent-Wave-Motor (SWM) ist reaktionsschnell und arbeitet zuverlässig. Der zuschaltbare Bildstabilisator (VR) ermöglicht eine Verlängerung um bis zu drei Lichtwertstufen bei Aufnahmen aus der Hand. Durch die Verwendung einer asphärischen Linse werden Bildfehler wie die sphärische Ab-

Brennweite: 18-55 mm • Lichtstärke: 1:3,5-5,6 • Naheinstellgrenze: 0,28 m • Filtergröße: 52 mm • Objektivaufbau: 11 Linsen in 8 Gruppen • Gewicht: 265 g.

Brennweite: 10-24 mm • Lichtstärke: 1:3,5-4,5 • Naheinstellgrenze: 0,24 m • Filtergröße: 77 mm • Objektivaufbau: 14 Linsen in 9 Gruppen • Gewicht: 480 g.

erration bei hoher Auflösung und gutem Kontrast niedrig gehalten. Der Autofokus ist zwischen A (Automatik) und M (manuell) umschaltbar. Das Objektiv wird auch im Kit zur D3200 ausgeliefert. Das noch etwas kostengünstigere AF-S DX Zoom-NIKKOR 18-55 mm 1:3,5-5,6G ED II wird ebenfalls von Nikon angeboten. Dieses unterscheidet sich hinsichtlich der technischen und optischen Qualitäten nur wenig von dem zuvor genannten Objektiv, es verfügt jedoch nicht über einen Bildstabilisator.

AF-S DX NIKKOR 10-24 mm 1:3,5-4,5G ED

Eine weitere Neuentwicklung für das DX-Format stellt dieses Ultraweitwinkelobjektiv mit 2,4-fach-Zoom dar. Erhältlich ist es seit 2009. Die optische Konstruktion beinhaltet drei asphärische Linsen und zwei ED-Glaslinsen für eine außergewöhnlich hohe Auflösung mit ausgezeichneter Brillanz und minimierter Verzeichnung. Die Autofokusumschaltung zwischen M/A und M ermöglicht auch das manuelle Eingreifen zur Fokussierung. Das Objektiv eignet sich für dramatische Perspektiven und weite Landschaftsaufnahmen. Die hohe optische Leistung mit nicht drehender Frontlinse (IF – Innenfokussierung) ermöglicht den Ansatz von Polfiltern sowie die Befestigung anderen Zubehörs.

AF-S DX NIKKOR 16-85 mm 1:3,5-5,6G ED VR

Brennweite: 16-85 mm • Lichtstärke: 1:3,5-5,6 • Naheinstellgrenze: 0,38 m • Filtergröße: 67 mm • Objektivaufbau: 17 Linsen in 11 Gruppen • Gewicht: 485 g.

Ein ideales Allroundzoom der neuesten Generation für hochauflösende Spiegelreflexkameras der DX-Klasse. Hier wird eine leistungsstarke, hochwertige Optik in einem akzeptablen Preis-Leistungs-Verhältnis angeboten. Versehen mit dem Bildstabilisator der zweiten Generation (VRII), wird eine Verlängerung der Belichtung aus der Hand um bis zu vier Blendenstufen ermöglicht. Das Objektiv eignet sich für die meisten Aufnahmesituationen und kann durch seine geringe Aufnahmedistanz von 38 cm als Universalobjektiv auch im Nahbereich eingesetzt werden. Dazu gibt es eine manuelle Autofokuskorrektur durch den *M/A*-Modus.

AF-S DX NIKKOR 18-105 mm 1 : 3,5-5,6G ED VR

Brennweite: 18-105 mm • Lichtstärke: 1 : 3,5-5,6 • Naheinstellgrenze: 0,45 m • Filtergröße: 67 mm • Objektivaufbau: 15 Linsen in 11 Gruppen • Gewicht: 420 g.

Dies ist ein vielseitiges Universalobjektiv aus dem Jahr 2008, das auch im Kit mit der D3200 erhältlich ist. Dieses 5,8-fach-Zoom eignet sich für die Landschaftsfotografie wie für Porträtaufnahmen gleichermaßen und bringt trotz seines günstigen Preises eine erstaunlich gute Abbildungsleistung. Die je nach Zoomeinstellung auftretende Distorsion kann mit einem Bildbearbeitungsprogramm wie Capture NX 2 oder Adobe Photoshop noch nachträglich beseitigt werden. Durch das verwendete Kunststoffbajonett und seine Konstruktion ist es leicht und liegt dennoch gut in der Hand. Der integrierte Silent-Wave-Motor ist schnell und nahezu lautlos. Es ist optimal geeignet für Fotografen, die keine zusätzlichen Wechselobjektive mit sich herumtragen wollen.

Eine Umschaltung von Autofokus auf manuelle Scharfstellung ist auch direkt am Objektiv möglich, eine *M/A*-Option ist jedoch nicht enthalten. Die VR-Funktion verfügt nur über einen Modus, ist jedoch sehr effektiv und ermöglicht eine Verlängerung der Belichtungszeit um bis zu vier Lichtwerte bei Aufnahmen aus der Hand. Eine ED-Glaslinse und eine asphärische Linse reduzieren die chromatische Aberration und halten Abbildungsfehler gering.

AF-S DX 18-300 mm 1 : 3,5-5,6G ED VR

Brennweite: 18-300 mm • Lichtstärke: 1 : 3,5-5,6 • Naheinstellgrenze: 0,45 m • Filtergröße: 77 mm • Objektivaufbau: 19 Linsen in 14 Gruppen • Gewicht: 830 g.

Hiermit bekommen Sie ein absolutes Universalobjektiv neuester Bauart, erhältlich seit Juli 2012 – von Weitwinkel bis Supertele mit integriertem Bildstabilisator(VRII). Es eignet sich ideal auf Reisen mit leichtem Gepäck für Aufnahmen aller Art. Der außergewöhnliche Zoombereich mit einem Bildwinkel von 76° bis 5°20' lässt kaum mehr Wünsche offen. An der D3200 ist dieses Objektiv schon ein richtiges Schwergewicht, aber mit einer absoluten Glanzleistung. Die Blende verfügt über neun abgerundete Lamellen und erzeugt damit ein angenehmes Bokeh. Mit dem integrierten Silent-Wave-Motor (SWM) erzielen Sie eine präzise, schnelle und leise

Kapitel 5 - *Objektive für die D800*

Beispielaufnahmen bei diffusem Tageslicht mit dem AF-S DX NIKKOR 18-105 mm 1:3,5-5,6G ED VR in verschiedenen Brennweiten.

Kapitel 5 - *Objektive für die D800*

Zum Objektiv erhalten Sie die Objektivtasche CL-1120 und die Sonnenblende HB-58. Der Preis liegt um die 1.000 Euro.

AF-S MICRO NIKKOR 60 mm 2,8G ED

Brennweite: 60 mm • Lichtstärke: 1:2,8 • Naheinstellgrenze: 0,185 m • Filtergröße: 62 mm • Objektivaufbau: 12 Linsen in 9 Gruppen • Gewicht: 425 g.

Brennweite: 70 mm

Brennweite: 105 mm

Fokussierung. Das Metallbajonett verfügt über eine zusätzliche Gummidichtung und schützt so vor Staub und Feuchtigkeit.

Dieses Makroobjektiv mit einem möglichen Abbildungsmaßstab bis 1:1 wurde speziell für digitale Spiegelreflexkameras im FX- und DX-Format entwickelt. Es ist ausgestattet mit der Innenfokussierung (IF), dadurch verändert sich die Objektivlänge beim Scharfstellen nicht, und die Frontlinse bleibt unbewegt. Dies ermöglicht Aufnahmen auf kürzeste Distanz und die Befestigung von Makroblitzgeräten. Man erhält ein fantastisches Objektiv für vielseitige Aufnahmen auch in anderen Anwendungsbereichen. Mit einer effektiven Brennweite von 90 mm an einer Kamera mit DX-Sensor wie der D3200 ist dieses Objektiv nicht nur für den Makrobereich optimal zu verwenden. Insbesondere zeichnet sich das 60er durch den extrem kurzen Minimalabstand von nur 18,5 cm (bei manueller Scharfstellung) bzw. 21,9 cm bei Autofokus aus. Die Nanokristallvergütung, Super-ED-Glaslinsen und asphärischen Linsen erzielen eine sehr hohe Auflösung und exzellent korrigierte Abbildungen.

6 Besser fotografieren

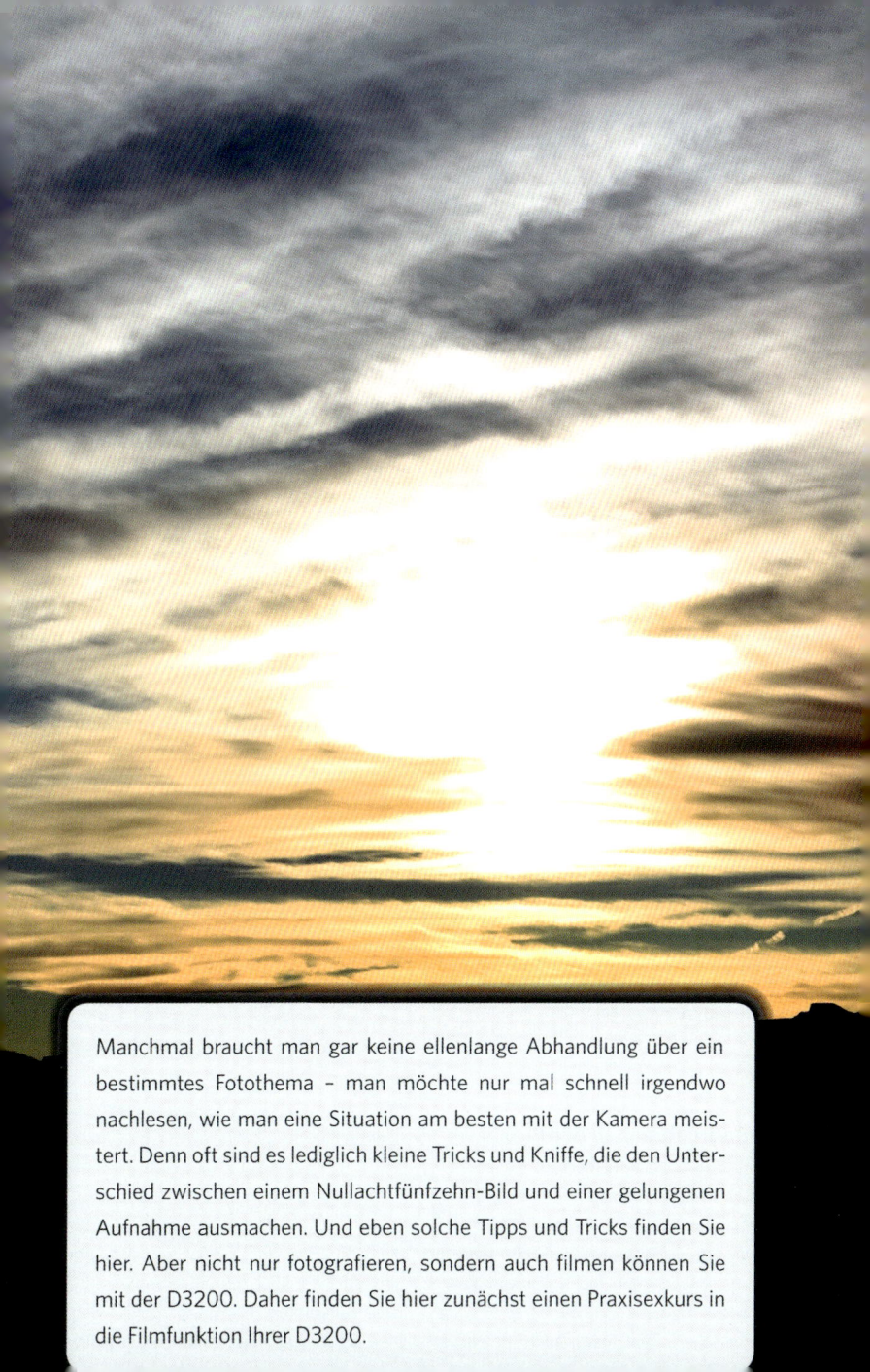

Manchmal braucht man gar keine ellenlange Abhandlung über ein bestimmtes Fotothema – man möchte nur mal schnell irgendwo nachlesen, wie man eine Situation am besten mit der Kamera meistert. Denn oft sind es lediglich kleine Tricks und Kniffe, die den Unterschied zwischen einem Nullachtfünfzehn-Bild und einer gelungenen Aufnahme ausmachen. Und eben solche Tipps und Tricks finden Sie hier. Aber nicht nur fotografieren, sondern auch filmen können Sie mit der D3200. Daher finden Sie hier zunächst einen Praxisexkurs in die Filmfunktion Ihrer D3200.

6 Besser fotografieren

Filmen mit der D3200

Die Möglichkeit, mit der digitalen Fotokamera auch Filme aufzunehmen, ist für den herkömmlichen Fotografen ein noch neues Gebiet, in das er sich zunächst einarbeiten muss. Die Möglichkeiten sind gegenüber den Nutzungsmöglichkeiten einer speziellen Filmkamera natürlich begrenzt, bieten aber zugleich auch völlig neue Optionen.

> **Ton aufzeichnen**
>
> Zum Film kann mit der D3200 direkt auch ein Monoton aufgezeichnet werden, der allerdings sämtliche Kamerageräusche ebenfalls aufzeichnet. Als Originalton, passend zur erstellten Filmsequenz, ist er allerdings oft unersetzlich. Auch die Tonaufzeichnung in Stereo und ohne störende Kamerageräusche ist mit einem zusätzlichen Mikrofon möglich. Nikon empfiehlt dazu das externe Mikrofon ME-1.

Durch die Verwendung von Fotoobjektiven und des gegenüber einer üblichen Videokamera relativ großen Sensors ergeben sich Filmsequenzen, wie man sie sonst nur von Kinofilmen kennt. Dabei kann insbesondere sehr gut mit gezielten Unschärfen gearbeitet werden.

Filmaufnahmen in der Praxis

Bestimmen Sie zunächst das zu verwendende Aufnahmeprogramm *P*, *S*, *A*, *M* oder eines der Motivprogramme. Die gewünschte Blende stellen Sie vor der Aufzeichnung über die Zeitautomatik *A* oder die manuelle Einstellung *M* ein. Diese Einstellung wird dann auch für die anderen Aufnahmeprogramme verwendet.

Überprüfen Sie jedoch anhand einer Aufnahmeprobe, ob die Bildwiedergabe bzw. Helligkeit Ihren Wünschen entspricht. Belichtungszeit und ISO-Empfindlichkeit werden während einer Filmaufzeichnung automatisch angepasst, es sei denn, die Vorgabe für *Manuelle Video-Einst.* wurde auf *Ein* gesetzt und die manuelle Belichtungseinstellung wird verwendet. Zur Belichtungsermittlung wird immer die Matrixmessung genutzt.

Drücken Sie nun die Live-View-Taste. Damit wird der Spiegel für den Sucher nach oben geklappt und das Motiv nur noch auf dem Monitor angezeigt. Wählen Sie dann durch Drücken der Info-Taste den gewünschten Fokusmodus. Anschließend wählen Sie noch die passende AF-Messfeldsteuerung aus.

Falls Sie den *AF-S*-Modus gewählt haben, stellen Sie nun durch Drücken des Auslösers zum ersten Druckpunkt scharf. Beginnen Sie mit der Filmaufzeichnung, indem Sie rote Taste drücken. Das Aufnahme-

> **Mögliche Fehlmessung durch Lichteinfall über den Sucher**
>
> Durch die Sucheröffnung kann im Live-View-Betrieb oder bei Filmaufnahmen Licht eindringen und die automatische Belichtungsmessung verfälschen. Decken Sie deshalb den Sucher (am besten mit der mitgelieferten Sucherabdeckung DK-5) ab.

symbol und die verbleibende Restzeit werden in der Monitoransicht eingeblendet. Während der Filmaufnahme können Sie stets eine erneute Fokussierung durchführen. Dazu kann in diesem Modus der Auslöser mit dem ersten Druckpunkt benutzt werden. Allerdings werden die dabei entstehenden Geräusche bei einer Tonaufnahme über das kamerainterne Mikrofon mit aufgezeichnet.

Der permanente Autofokus *AF-F* verursacht bei der Fokussierung ebenfalls Geräusche. In dieser Einstellung und während der Filmaufzeichnung kann der erste Druckpunkt des Auslösers auch dazu genutzt werden, die Fokussierung beizubehalten, wenn die Kamera geschwenkt wird. Lassen Sie ihn wieder los, wird erneut automatisch fokussiert. Die automatische Scharfstellung erfolgt jedoch insgesamt sehr langsam. Drücken Sie den Auslöser während der Filmaufnahmen vollständig durch, wird ein Foto erzeugt und die Filmaufzeichnung gleichzeitig beendet.

Mit Drücken der AE-L/AF-L-Taste (ausgenommen in den Aufnahmearten *AUTO* und *Blitz aus*) können Belichtung und Fokus gespeichert werden. Eine manuelle Belichtungsanpassung während der Filmaufzeichnung ist nur mit den zuvor eingestellten Aufnahmeprogrammen *P*, *S* und *A* möglich. Dazu halten Sie die Belichtungskorrekturtaste gedrückt und drehen das Einstellrad. Die Anpassung erfolgt in 1/3 Lichtwerten bis zu +/-3 EV (EV, LW = Lichtwert). Haben Sie einen anderen Aufnahmemodus vor dem Start der Filmaufnahmen eingestellt, wird die Belichtung allein von der Kamera bestimmt.

Um die Filmaufzeichnung zu beenden, drücken Sie erneut die rote Taste. Damit kehrt die Kamera in den Live-View-Modus zurück. Ist die maximale Filmlänge erreicht oder die Speicherkarte voll, wird die Aufzeichnung automatisch beendet. Die maximale Aufzeichnungslänge beträgt 20 Minuten bzw. maximal 4 GByte. Bei einer zu geringen Schreibgeschwindigkeit der Speicherkarte kann eine Aufzeichnung vorzeitig abgebrochen werden. Auch zu starke Erhitzung des Systems kann zum Abbruch führen. Lassen Sie dann die Kamera zunächst wieder abkühlen.

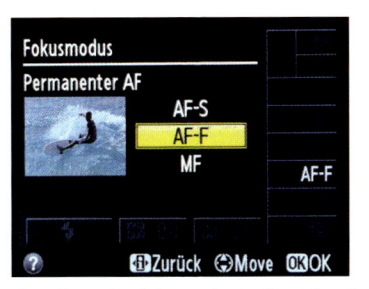

Einstellung des *Fokusmodus* im Live-View-Betrieb durch Drücken der Info-Taste.

Die im Live-View vorgenommenen Einstellungen sind auch für die Filmaufzeichnung maßgeblich. Beachten Sie daher die im Abschnitt zur Autofokussteuerung mit Live-View beschriebenen Einstellungen, vor allem die für die Fokus- und die Messfeldsteuerung. Um Aufnahmeinformationen auf dem Monitor ein- oder auszublenden, verwenden Sie die Info-Taste. Die gewünschte Filmqualität muss vor Beginn der Aufnahmen im Menü *Aufnahme* unter der Option *Videoeinstellungen* bestimmt werden. Hier finden sich auch die weiteren Vorgaben zu Filmqualität, Mikrofon und den manuellen Videoeinstellungen.

Videoeinstellungen – Aufruf der Einstellungsoptionen über das *Aufnahme*-Menü.

Im aktiven Live-View-Modus kann die Messfeldauswahl auch mit der Info-Taste und dem Multifunktionswähler getroffen werden.

Bei einer Beleuchtung mit Leuchtstoffröhren, Quecksilberdampf- oder Natriumdampflampen sowie bei horizontalen Kameraschwenks oder zu schnellen Bewegungen des Motivs können in der Monitoransicht und auch im späteren Film Streifen oder Verzerrungen auftreten. Auch ein Flimmern ist möglich. Um das Flimmern und die Streifenbildung zu reduzieren, sollte im *System*-Menü unter der Option *Flimmerreduzierung* die Einstellung *Automatisch* oder die Frequenz des vorhandenen Stromnetzes ausgewählt werden. In Europa sind das zumeist 50 Hz.

Um gegen das Bildflimmern bei künstlicher Beleuchtung vorzugehen, sollte die richtige Frequenz im Menü *System/Flimmerreduzierung* eingestellt werden.

Bei einer Filmaufzeichnung im manuellen Aufnahmemodus kann die Belichtungszeit zwischen 1/4000 und 1/30 Sekunde frei gewählt werden. Die ISO-Empfindlichkeit wird auf einen Wert zwischen ISO 200 und Hi1 eingestellt. Eine automatische Anpassung findet nicht statt. Dazu passend wird die Bildrate eingestellt. Es ist eine längste Zeit von 1/50 Sekunde bei 50 Bildern pro Sekunde und 1/30 Sekunde bei 24, 25 oder 30 Bildern pro Sekunde empfehlenswert. Die Flimmerreduzierung steht für die manuelle Aufzeichnung nicht zur Verfügung, deshalb sollte das Bildergebnis insbesondere auch bei Aufnahmen mit künstlichem Licht zuvor überprüft werden (Probeaufzeichnung anfertigen).

Filme wiedergeben

Um einen Film auf dem Monitor der Kamera wiederzugeben, drücken Sie zunächst die Wiedergabetaste und markieren durch eine Auswahl mit dem Multifunktionswähler den Film in der Indexansicht. Wird das Startbild in der Vollbildansicht (nach Drücken der Zoomtaste) angezeigt, kann der Filmablauf mit OK gestartet werden.

Kapitel 6 - *Besser fotografieren*

ermöglicht das Speichern eines Bildes aus der aufgenommenen Filmsequenz. Auch in diesem Fall wird eine Kopie, jedoch als Einzelbild, erstellt und auf der Speicherkarte abgelegt.

Aufruf des Filmbearbeitungsmenüs mit der AE-L/AF-L-Taste. Danach wählen Sie den *Start-* oder *Endpunkt* für den Filmschnitt aus.

Filme beschneiden

Zeigen Sie den Film in der Einzelbildansicht an. Dazu stoppen Sie ihn zunächst mit dem Multifunktionswähler (Position *Pause*), indem Sie diesen nach unten drücken. Betätigen Sie dann die AE-L/AF-L-Taste, um das Bearbeitungsmenü aufzurufen. Wählen Sie die *Start- u. Endpunkt wählen* aus und drücken Sie die OK-Taste. Blättern Sie dann nach links oder nach rechts bis zur gewünschten Schnittstelle. Wollen Sie den Film in Zehnsekundenschritten bewegen, verwenden Sie das Einstellrad. Während dieser Anzeige können Sie die AE-L/AF-L-Taste nutzen, um den Anfangs- oder Endpunkt zu tauschen.

Löschen Sie den Filmabschnitt, der entfernt werden soll, indem Sie den Multifunktionswähler nach oben drücken. Alle Bilder vor den gewählten Start- und Endpunkten werden entfernt. Um die Kopie zu speichern, wählen Sie eine Option zum Speichern aus und drücken erneut die OK-Taste.

Filme müssen mindestens zwei Sekunden lang sein. Kann ein Filmschnitt nicht

Monitoransichten bei der Filmwiedergabe. Von links: Vollbildansicht, Ansicht während der Wiedergabe, Ansicht nach dem Stoppen des Films.

Filmsequenzen bearbeiten

Bereits in der Kamera kann eine Bearbeitung der aufgezeichneten Filmsequenzen stattfinden. Dazu stoppen Sie wie zuvor beschrieben den Film an der zu bearbeitenden Stelle. Drücken Sie dann die AE-L/AF-L-Taste, um das Bearbeitungsmenü aufzurufen. Das Menü ermöglicht es, Filme zu beschneiden, indem bis zu oder ab einem bestimmten ausgewählten Bild der übrige Film gelöscht wird. Dabei wird immer eine Kopie erstellt, das Original bleibt damit erhalten. Eine weitere Option

durchgeführt werden, wird die aktuelle Position rot angezeigt, und es kann keine Kopie gespeichert werden. Eine weitere Möglichkeit, Filme zu bearbeiten, steht Ihnen auch über das Menü *Bildbearbeitung* unter der Option *Film bearbeiten* zur Verfügung.

Ausgewählt. Bild speichern und bestätigen Sie mit OK. Benutzen Sie nun den Multifunktionswähler und/oder das Einstellrad, um das gewünschte Bild auf dem Monitor anzuzeigen. Dann drücken Sie den Multifunktionswähler in Richtung Schnittsymbol nach oben. In der folgenden Abfrage wählen Sie *Ja* und bestätigen wiederum mit OK. Das Bild aus dem Film wird nun als Kopie gespeichert. Eine weitere Bearbeitung des so erstellten Bildes ist in der Kamera jedoch nicht mehr möglich. Die Bildgröße entspricht der zur Filmaufzeichnung genutzten Filmqualität, das Bild wird im JPEG-Format gespeichert.

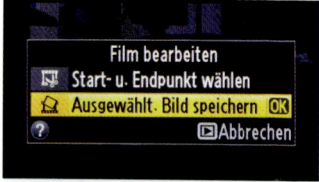

Die folgenden Monitoransichten zum Filmschnitt. Nach dem Speichern wird die erstellte Kopie mit einem Schnittsymbol angezeigt.

Um ein bestimmtes Bild aus einem Film zu speichern, wählen Sie dieses zunächst mit dem Multifunktionswähler aus und drücken diesen danach nach oben.

Architekturaufnahmen

Fotos aus Filmen kopieren

Stoppen Sie den Film wie zuvor beschrieben an der gewünschten Stelle. Rufen Sie dann das Menü *Bildbearbeitung* per AE-L/AF-L-Taste auf, wählen Sie die Option

Drei Dinge sind es, die professionelle Architekturfotografen vor allem beachten: den Kamerastandpunkt, das Licht und den Bildausschnitt. Wenn Sie unterwegs sind und Bauwerke fotografieren möch-

Kapitel 6 - *Besser fotografieren*

ten, sollten Sie sich Zeit nehmen. Denn in den seltensten Fällen kommen gute Bilder dabei heraus, wenn man für ein Gebäude nur zwei Minuten aufwendet. Hier ein paar Tipps für gute Fotos, wenn die Zeit dennoch mal knapp wird:

Stürzende Linien vermeiden

Versuchen Sie, stürzende Linien und vermeintlich nach hinten kippende Gebäude, hervorgerufen durch einen niedrigen Kamerastandpunkt, zu vermeiden. Fotografieren Sie mit Weitwinkel von unten, scheinen Gebäude auf den Bildern nach hinten zu kippen, weil die eigentlich parallelen Häuserkanten nach oben hin zusammenlaufen. Hier hilft nur, sich weiter vom Gebäude zu entfernen, mit längerer Brennweite zu arbeiten und eventuell den eigenen Standpunkt zu erhöhen. Dabei muss die Kamera möglichst waagerecht gehalten werden. Eine geringfügige Verzerrung durch eine leichte Kameraneigung kann in der Bildbearbeitung mit einer Perspektivkorrektur behoben werden. Dies führt dann allerdings zu einem Beschnitt der Bildränder. Um stürzende Linien zu vermeiden, kann möglicherweise auch die Verwendung eines PC-Objektivs von Vorteil sein.

Extreme Perspektiven ausprobieren

Wenn sich stürzende Linien nicht vermeiden lassen, versuchen Sie es mal mit extremen Perspektiven! Gehen Sie nah an das Gebäude heran, verwenden Sie eine kurze Brennweite und wählen Sie einen sehr tiefen Kamerastandpunkt. Das führt oft zu extrem dynamischen und ungewöhnlichen Ansichten. Mit einem Weitwinkelobjektiv lässt sich dieser Eindruck noch mehr verstärken.

85 mm • 1/1250 s • f/8 • ISO 100

Diese Industrieaufnahme wurde nachträglich entzerrt, da eine Aufnahme nur von unten möglich war.

20 mm • 1/160 s • f/8 • ISO 200

Der Blick nach oben eröffnet manchmal ganz interessante Perspektiven. Um den Vordergrund aufzuhellen, wurde ein Systemblitzgerät eingesetzt. Eine Steigerung der Farbsättigung gibt diesem Bild den letzten Schliff.

24 mm • 1/1250 s • f/5,6 • ISO 200

Durch den starken Beschnitt auf ein extremes Querformat wird der Eindruck dieser Landschaft nochmals verstärkt.

Auf Details achten

Fotografieren Sie nicht nur Gesamtansichten, sondern suchen Sie auch nach markanten Details. Das können Fassadenteile sein, eine Haustür, eine spiegelnde Fensterreihe, eine alte Lampe oder ein Wasserspeier. Fast alles kommt für Detailaufnahmen infrage.

Grauverlaufsfilter für hellen Himmel

Falls der Himmel mal nicht passt, weil er dunstig oder viel zu hell für korrekte Belichtungen ist, können Sie sich mit einem Grauverlaufsfilter behelfen. Der Filter wird vor das Objektiv geschraubt und so gedreht, dass die grau getönte Seite oben ist. Dadurch wird der zu helle Himmel abgedunkelt, ohne das Motiv darunter allzu sehr zu beeinflussen.

Licht am Morgen und Abend

Warten Sie, wenn es die Zeit erlaubt, auf den späten Nachmittag. Dann ist das Licht für Architekturaufnahmen oft ideal, weil Sie die Dreidimensionalität eines Bauwerks durch Licht-Schatten-Kontraste besser einfangen können. Gleiches gilt übrigens auch für die frühe Morgensonne.

Eindrucksvolle Landschaften

Landschaften haben meistens einen großen Vorteil: Sie bewegen sich nicht. Also könnte man meinen, man nehme einfach die Kamera in die Hand, visiere die Landschaft bzw. einen Ausschnitt an und drücke auf den Auslöser. Tja, leider läuft es so nicht, wenn Sie attraktive Bilder möchten und keine Nullachtfünfzehn-Massenware. Ein paar Tipps gefällig?

Ein Auge zudrücken

Wenn Sie mal wieder vor einer atemberaubenden Landschaft stehen und sich kaum noch zurückhalten können, ein paar Fotos zu schießen, atmen Sie erst mal tief durch. Halten Sie sich dann ein Auge zu. Das ist kein Witz! Denn während so manche Landschaft in der dreidimensionalen menschlichen Wahrnehmung (mit zwei Augen) toll aussieht, wirkt sie zweidimensional (mit nur einem Auge bzw. auf einem Foto) plötzlich flach, langweilig oder diffus. Suchen Sie deshalb mit nur einem Auge den Blickfang, der Sie an der landschaftlichen Ansicht gefesselt hat.

24 mm • 1/1600 s • f/8 • ISO 200

Als Vordergrundmotiv kommt so ziemlich alles infrage: Blumen, Felsen, Denkmäler, Menschen oder ein Baum.

Brennweiten variieren

Fotografieren Sie Landschaften nicht nur mit Weitwinkelbrennweiten. Denn eine ausschweifende Ansicht bedeutet meistens auch, dass viele störende Details, die Ihnen erst auf den zweiten Blick auffallen werden, mit im Bild sind. Reduzieren Sie den Blickwinkel also auch mal mit mittlerer oder langer Brennweite.

Morgenstund hat Gold im ...

Warten Sie wenn möglich auf das passende Licht. In der Landschaftsfotografie sind das meist die frühen Morgenstunden und der späte Nachmittag. Dann fällt das Sonnenlicht schräg auf die Welt und erzeugt durch viele Schatten Plastizität und Tiefe.

Immer mit Stativ

Arbeiten Sie mit Stativ. Denn wenn Sie eine Landschaft mit markantem Vordergrund von vorn bis hinten scharf abbilden möchten, muss die Blende möglichst klein sein (z. B. f/11 oder f/16). Das führt dazu, dass die Belichtungszeit ziemlich lang werden kann und verwacklungsfreie Fotos aus der Hand nicht mehr möglich sind. Noch besser: Verwenden Sie ein Stativ und einen Fernauslöser, um die Kamera beim Auslösen nicht berühren zu müssen. Auch das Aktivieren der Spiegelvorauslösung ist in diesem Zusammenhang empfehlenswert.

Markantes im Blickfeld

Suchen Sie sich ein markantes Vordergrundmotiv. Denn ein seitlich positioniertes – auch noch so banales – Vordergrundmotiv, das scharf abgebildet ist, führt den Blick des Betrachters ganz automatisch ins Bild und macht die Aufnahme dadurch noch interessanter.

Knackige Farben mit Polfilter

Knackig blau wird der Himmel von professionellen Landschaftsaufnahmen immer mit einem ganz besonderen Trick: dem Polarisationsfilter oder kurz Polfilter. Auch dieser Filter wird vor das Objektiv geschraubt und kann gedreht werden. Probieren Sie es, wenn Sie sich einen solchen Filter zulegen (nur zirkulare Polfilter funktionieren an digitalen Spiegelreflexkameras reibungslos), einfach aus. Sie werden schon beim Blick durch den Sucher den Effekt sehen. Kleiner Tipp: Die Wirkung ist dann am intensivsten, wenn die Sonne im 90-Grad-Winkel zur Blickrichtung der Kamera steht.

Makro- und Nahaufnahmen

Fast nichts kann man so leicht in den Sand setzen wie ein schönes Makromotiv. Entweder stimmt der Schärfepunkt nicht, oder man verwackelt, manchmal ist die vorhandene Beleuchtung langweilig oder entspricht einfach nicht der Stimmung, die man mit seiner Aufnahme erzeugen möchte. Hier die Tipps, die Ihre Makromotive, von der Blüte über Insekten bis zu winzigen Strukturen, retten können:

70 mm • 1/100 s • f/7,1 • ISO 100

Man kann auch ohne spezielles Makroobjektiv oder Makrozubehör schöne Nahaufnahmen machen. Hier wurde ein normales Zoomobjektiv (18-105 mm) verwendet. Das diffuse Licht modelliert Pflanzen und Wassertropfen besonders schön.

Manuell fokussieren

Technisch bedingt, ist die Schärfentiefe, also der Bereich vor und hinter dem fokussierten Punkt (Blickfang), bei Makroaufnahmen extrem klein. Wenn also der Punkt, auf den scharf gestellt werden soll, nicht hundertprozentig erwischt wird, ist der Blickfang schnell unscharf. Arbeiten Sie deshalb bei Makroaufnahmen nie mit dem Autofokus! Egal welche Kamera Sie auch nutzen – ein Umstellen auf manuelle Fokussierung sollte immer möglich sein, um den Schärfepunkt exakt zu treffen. Optimalerweise verwenden Sie dazu noch ein Stativ, damit auch mit gezielten Unschärfen gearbeitet werden kann.

Kleine Blenden

Ganz wichtig für maximale Schärfentiefe: Arbeiten Sie mit kleinen Blenden von z. B. f/11 oder f/16. Dadurch wird der scharf wiedergegebene Bereich maximal ausgedehnt. Zwar bedeuten kleine Blenden auch eine Verlängerung der für korrekte Belichtungen nötigen Verschlusszeiten, da

man Makrofotos aber ohnehin am besten mithilfe eines Stativs macht, spielt dies oft nur eine untergeordnete Rolle. Sollte die Schärfentiefe dann immer noch zu gering ausfallen, gehen Sie einfach mit der Kamera etwas weiter zurück.

Aufheller verwenden

Sehen Sie sich Ihr Makromotiv vor dem Fotografieren ganz genau an und analysieren Sie Lichteinfall und Schatten. Von wo kommt das Licht? Wie stark sind die Schatten ausgeprägt? Liegen manche Bereiche so sehr im Dunkeln, dass man auf den Fotos voraussichtlich keine Details mehr erkennen kann? Um das Licht besser – und kostengünstig – zu steuern, können Sie mit Aufhellern arbeiten. Das können weiße, silberne oder goldene Reflektoren aus dem Fachhandel sein, man kann sich aber auch mit einem Stück Styropor helfen oder einem Karton, der z. B. mit Alufolie beklebt wird. Platzieren Sie den Aufheller in jedem Fall gegenüber der Lichtquelle (Lampe, Sonne, Blitzlicht), um das Licht in die Schattenbereiche des Makromotivs zu reflektieren.

Stativ und Fernauslöser nutzen

Wegen der kurzen Entfernung zum Motiv ist die Makrofotografie sehr anfällig für Verwacklungen. Daher ist ein Stativ die wichtigste Grundvoraussetzung für gelungene Bilder. Achten Sie beim Kauf eines Stativs auf einfache Verstellmöglichkeiten, um die Kamera gut justieren zu können. Spezialisten verwenden zusätzlich Makroeinstellschlitten, um die Entfernung von Kamera zu Motiv millimetergenau festlegen zu können. Das beste Stativ nützt allerdings nichts, wenn Sie die Kamera beim Auslösen anfassen und dadurch verwackeln. Deshalb sollten Sie immer

85 mm • 1/200 s • f/8 • ISO 200

Interessante Strukturen finden sich fast überall. Das Streiflicht der tief stehenden Sonne arbeitet diesen Uferbereich bei Ebbe erst richtig heraus.

mit Fernauslöser (Infrarot, Funk, Kabel) arbeiten, damit die Kamera wirklich absolut erschütterungsfrei ein Bild aufnehmen kann. Bei längeren Belichtungszeiten ist es zudem von Vorteil, zuerst den Spiegel hochzuklappen. Dies geschieht auch automatisch, wenn Sie die Live-View-Funktion verwenden.

Menschen porträtieren

Porträts sind fast immer eine anspruchsvolle Aufgabe. Denn einfach mal eben einen Menschen anvisieren und drauflosknipsen, bringt in den meisten Fällen nichts. Schnappschüsse sind nur selten gute Porträts. Möchten Sie also einen Menschen porträtieren, sollten Sie sich zusammen mit dem oder der Porträtierten vorher ein paar Gedanken machen und die nachfolgenden Tipps beherzigen.

Große Blenden für unscharfen Hintergrund

Um nicht vom Gesicht des Porträtierten abzulenken, ist es üblicherweise angebracht, den Hintergrund aus der Wahrneh-

50 mm • 1/400 s • f/2,8 • ISO 200

Bei diesem Porträt des Schauspielers Ulrich Popp wurde durch die offene Blende der Hintergrund unscharf gehalten. Der Scharfpunkt liegt dabei auf dem linken Auge.

mung des Betrachters so weit wie möglich auszuschließen. Das klappt auf verschiedene Weise. Man kann den Porträtierten vor einen einfarbigen Hintergrund, beispielsweise in einem Studio, stellen oder – für Porträts mitten im Leben – die Blende an der Kamera so groß wählen (z. B. f/2,8 oder f/4), dass der Hintergrund in Unschärfe verschwimmt. Denn wie immer gilt: je größer die Blendenöffnung, desto kleiner die Schärfentiefe. Es wird also nur das Gesicht scharf abgebildet, und der Hintergrund bleibt unscharf.

Weg vom Hintergrund

Noch ein Tipp für einen unaufdringlichen Hintergrund. Platzieren Sie den zu Porträtierenden so weit wie möglich vom Hintergrund entfernt. Das hilft dabei, den Hintergrund in Unschärfe verschwimmen zu lassen.

Telebrennweiten einsetzen

Und ein weiterer Tipp für kurze Schärfentiefe: Setzen Sie mittlere bis lange Brennweiten zwischen ca. 85 und 135 mm ein. Erstens wird dadurch die Schärfentiefe begrenzt (siehe oben), und zweitens sorgt die Telebrennweite für eine Verdichtung der Distanzen. Das bedeutet, dass die Gesichtsproportionen viel vorteilhafter wiedergegeben werden als bei zu kurzen Brennweiten. Probieren Sie es aus und fotografieren Sie sich mal selbst mit Weitwinkel. Solche Bilder wirken immer ziemlich lächerlich.

Vielleicht mit Blitz?

Sonne bedeutet Leben. Licht bedeutet Leben. Banal, nicht wahr. Aber leider wird diese banale Weisheit in der (Porträt-)Fotografie immer wieder gern ignoriert. Sobald in den Augen einer porträtierten Person (oder eines Tieres!) ein kleiner Lichtfleck zu sehen ist, wirken die Augen und damit das gesamte Gesicht viel lebendiger und aufgeschlossener. So ein Lichtfleck kann durch die Sonne oder den hellen Himmel erzeugt werden, wenn Sie jedoch im Trüben bzw. in dunkler Umgebung fotografieren, sollten Sie den Kamerablitz einsetzen. Aber Achtung! Reduzieren Sie mithilfe der Blitzleistungskorrektur die Lichtleistung um bis zu zwei Stufen, damit das Blitzlicht nicht die natürliche Lichtstimmung überstrahlt.

Auch mal höhere ISO-Werte probieren

Haben Sie sich schon mal gute Schwarz-Weiß-Porträts angesehen, und ist Ihnen dabei die teilweise grobe Körnung der Abzüge aufgefallen? Früher wurden stimmungsvolle Schwarz-Weiß-Aufnahmen häufig mit grobkörnigem, hochempfindlichem Schwarz-Weiß-Film gemacht. Diese besondere Stimmung lässt sich auch in der Digitalfotografie in gewissem Rahmen erzeugen, indem Sie die Empfindlichkeit (ISO) etwas heraufsetzen und z. B. mit ISO 3200, ISO 6400 oder gar Hi1 arbeiten. Ein zusätzlicher Vorteil: Durch die hohe Empfindlichkeit werden die Verschlusszeiten kürzer, und Sie können auch ohne Stativ aus der Hand fotografieren, ohne zu verwackeln. Achten Sie auch darauf, in diesem Fall die Rauschreduzierung abzuschalten.

Perspektiven wechseln

Die Perspektive macht's. Ob Sie jemanden von oben, von vorn oder von unten fotografieren – die Wirkung kann dramatisch anders sein. Im Bereich der Porträtfotografie geht man allerdings selten in extreme Frosch- oder Vogelperspektiven. Hier geht es vielmehr darum, die Perspektive ganz subtil zu nutzen. Ein leicht erhöhter Kamerastandpunkt zeigt einen Menschen eher schwach und zerbrechlich, steht die Kamera dagegen etwas unterhalb der Augenhöhe des Porträtierten, kann der Eindruck von Stärke, Überlegenheit und sogar Überheblichkeit entstehen.

Sonnenauf- und Sonnenuntergang

Beliebtes und häufig fotografiertes Urlaubsmotiv, leider beinahe ebenso oft langweilig inszeniert oder einfach falsch belichtet – der Sonnenuntergang. Das muss nicht sein. Wirklich. Denn so schwer sind Sonnenauf- und -untergänge nun auch nicht zu fotografieren. Blättern Sie erst mal kurz zurück und lesen Sie sich die Tipps zur Gegenlichtaufnahme noch mal durch. Das sind schon mal die Grundlagen. Dann kommen Sie wieder hierher zurück und schauen sich die speziellen Wie-fotografiere-ich-einen-Sonnenuntergang?-Tipps an.

Belichtungsreihen

Knifflig ist beim Sonnenuntergang aus technischer Sicht die Belichtung. Daher mein Rat: Machen Sie Belichtungsreihen mit Intervallen von ein bis zwei Belichtungsstufen. Denn bei einer Reihe von drei Bildern mit unterschiedlicher Belichtung können Sie relativ sicher sein, zumindest eine gute Aufnahme im Kasten zu haben.

Manuelle Belichtung

Sie wissen, wie man Blende und Verschlusszeit manuell einstellt? Dann verzichten Sie auf Belichtungsreihen und probieren einfach verschiedene Werte aus, bis Sie mit dem Ergebnis zufrieden sind.

50 mm • 1/30 s • f/11 • ISO 200

Für dieses Bild wurde eine manuelle Belichtungsreihe von fünf Aufnahmen mit unterschiedlicher Belichtung (Verschlusszeit) angefertigt. Die Blende blieb immer gleich.

Weißabgleich variieren

Die Weißabgleichsautomatik einer Digitalkamera versucht immer, farblich neutrale Bilder zu produzieren. Das ist bei einem gelbroten Sonnenuntergang natürlich nicht der gewünschte Effekt. Probieren Sie deshalb lieber die Weißabgleichsvoreinstellungen z. B. für Schatten oder bewölkten Himmel aus, um das Rot des Sonnenuntergangs zu unterstreichen.

Nicht nur Sonne

Ein Sonnenuntergang ohne Umgebung ist ziemlich öde. Beziehen Sie die Landschaft bzw. den Vordergrund in die Bildgestaltung mit ein. Denn wenn Sie den Sonnenuntergang nicht in den Kontext einbinden, den Sie beim Fotografieren sehen und erleben, werden die Fotos sicher keine Stimmung transportieren. Und schließlich geht es doch genau darum – Stimmung.

50 mm • 1/320 s • f/5,6 • ISO 100

Achten Sie bei Sonnenuntergängen immer auf die Bildgestaltung und platzieren Sie die Sonnenscheibe und den Horizont im Goldenen Schnitt oder zumindest außerhalb der Bildmitte. Das macht die Fotos spannender.

Mittlere und lange Brennweiten einsetzen

Wenn Sie die Umgebung samt unter- oder aufgehender Sonne in einem Foto perspektivisch verdichten möchten, müssen Sie mit mittlerer oder langer Brennweite arbeiten. Fotografieren Sie dagegen mit Weitwinkel, wird die Sonne nur sehr klein im Bild erscheinen. Wählen Sie mit einer längeren Brennweite lieber einen knappen Bildausschnitt und beschränken Sie sich auf das Wesentliche.

Mit Gegenlichtblende arbeiten

Wenn das Gegenlicht von der Sonne erzeugt wird und die Sonne relativ hoch am Himmel steht, kann es passieren, dass sie direkt ins Objektiv scheint. Das führt zu Blendenflecken, Reflexionen und Geisterbildern. Nutzen Sie deshalb immer eine Gegenlichtblende, die am Objektiv angebracht wird, um das Objektiv vor der Sonne abzuschatten.

Nicht direkt in die Sonne sehen

Gerade beim Fotografieren mit langen Brennweiten (200 mm und mehr) sollten Sie sehr vorsichtig beim Ausrichten der Kamera sein. Beim Blick durch den Sucher (bei Spiegelreflexkameras) wird das Sonnenlicht gebündelt und kann, wenn die Sonne noch höher am Himmel steht, Ihre Augen schädigen. Deshalb bitte niemals bei langer Brennweite direkt in die Sonne sehen!

Nur mit vorhandenem Licht

Das Fotografieren unter den jeweils vorhandenen Lichtbedingungen ist ein Bereich der Fotografie, der als Available-Light-Fotografie bezeichnet wird. Dabei wird auf

Kapitel 6 - *Besser fotografieren*

zusätzliche Ausleuchtung mit Blitz- oder Kunstlicht verzichtet, um die vorhandene Atmosphäre und Stimmung möglichst unverändert einzufangen. Da dabei sehr oft auch kein Stativ benutzt wird, werden für diesen Bereich der Fotografie besonders hohe Empfindlichkeitseinstellungen und lichtstarke Objektive benötigt.

Fotografieren in dunkler Umgebung

Die D3200 ist mit ihrer Empfindlichkeitseinstellung von ISO 100 bis ISO 12800 (Hi1) sehr gut dazu geeignet, in einer relativ dunklen Umgebung zu arbeiten. Dabei ist auch die ISO-Automatik besonders gut einsetzbar. Allerdings ist zu berücksichtigen, dass mit zunehmender Empfindlichkeit das Bildrauschen ansteigt. Bei der Anwendung der maximalen Empfindlichkeit von ISO 12800 (Hi1) ist dieses bereits so stark, dass sich auch gröbere Bilddetails bei einer Vergrößerung der Aufnahmen in farbige Bildpunkte auflösen. Zudem lässt die Farbintensität ebenfalls deutlich nach. Die intern zugeschaltete schwache Rauschunterdrückung kompensiert diesen Effekt etwas. Eine stärkere Rauschunterdrückung glättet zwar das Bild, es verliert jedoch auch an Detailschärfe. Lassen Sie den Rauschfilter also weg und akzeptieren Sie das für viele Motive durchaus auch attraktiv wirkende Bildrauschen.

Aufnahmen zur blauen Stunde

Um bei Nachtaufnahmen das vorhandene Restlicht besser auszunutzen, werden viele besonders stimmungsvolle Aufnahmen in der sogenannten blauen Stunde, also in der kurzen Zeit zwischen Tag und Nacht, aufgenommen. Dabei spielen oftmals auch die bereits eingeschalteten Lichter (z. B. Straßenleuchten, Fenster etc.) eine wichti-

62 mm • 1/15 s • f/5,3 • ISO 3200

Available-Light-Fotografie verzichtet auf zusätzliche Ausleuchtung und das Blitzlicht. Dabei wird auch Bildrauschen akzeptiert.

ge Rolle. Dadurch entstehen auch Farbverschiebungen, und diese Mischlichtsituationen können besonders reizvoll sein.

Als blaue Stunde wird die Zeit zwischen Sonnenuntergang und Nacht bezeichnet. Dabei beeinflussen die rötlichen Farben des restlichen Tageslichts oder der noch vorhandene blaue Himmel die Aufnahmen besonders intensiv. Deshalb liegt die farbige Wirkung des Bildes oftmals deutlich

22 mm • 1/3 s • f/4 • ISO 3200

Spaziergang in Würzburg am Main zu später Stunde. Aufnahme mit VR-Funktion aus der Hand. Die leichte Unschärfe steigert in diesem Fall den romantischen Eindruck.

über dem Eindruck des Fotografen bei der Aufnahme. Da die Zeit bis zum endgültigen Sonnenuntergang jedoch sehr kurz ist, sollte der Aufnahmestandpunkt bereits im Vorfeld gewählt werden, um den richtigen Moment nicht zu verpassen. Damit die wertvollen Aufnahmen später noch optimal angepasst werden können, ist die Verwendung der Bildaufzeichnung im RAW-Modus besonders empfehlenswert. So können der nachträgliche Weißabgleich bzw. eine Anpassung der Farbtempera-

32 mm • 1/8 s • f/4,5 • ISO 3200

Dieselbe Aufnahme vor (oben) und nach der Nachbearbeitung. Die Schatten wurden aufgehellt, die Farben stärker gesättigt. Damit werden auch zuvor kaum wahrnehmbare Details sichtbar. Die Bildwirkung wird deutlich verstärkt.

tur sowie die Abstimmung von Helligkeit, Kontrast und anderen Optionen besonders effektiv und qualitätserhaltend vorgenommen werden.

Aufnahmen bei völliger Dunkelheit

Um in völliger Dunkelheit zu fotografieren, ist das Benutzen eines Stativs nahezu unumgänglich. Zudem sind eine hohe Empfindlichkeit und die Verwendung von langen Belichtungszeiten erforderlich. Lichtquellen im Bild stechen besonders hervor und bringen eine Farbigkeit ins Bild, die mit bloßem Auge kaum wahrzunehmen ist. Auch regennasse Straßen, Nebel und bewegte Lichter können wunderbare Effekte erzeugen.

Bei der Verwendung eines Stativs ist auch der Einsatz eines Fernauslösers absolut sinnvoll, da ansonsten die Gefahr der unbeabsichtigten Verwacklung durch manuelles Betätigen des Auslösers zunimmt. Für die D3200 benötigen Sie dazu den Kabelfernauslöser MC-DC2 oder den Infrarotfernauslöser ML-L3. Notfalls kann auch der Selbstauslöser zu Hilfe kommen. Um die Gefahr von Unschärfen durch Windeinfluss zu verringern, kann es ebenfalls nützen, den Umhängegurt an der Kamera zu entfernen.

Aufnahmen, die bei völliger Dunkelheit erstellt wurden, erfordern häufig noch eine digitale Nachbearbeitung. Deshalb ist unbedingt das Fotografieren im RAW-Format zu empfehlen, damit kann eine Anpassung der Aufnahmen am schonendsten bereits im RAW-Konverter vorgenommen werden.

Index

Symbole
3D-Tracking	83

A
A	89
Active D-Lighting	40
Adobe Photoshop/Lightroom	75
Adobe RGB	41, 66
AF-A	80, 85
AF-C	81, 84
AF-Hilfslicht	14, 41
AF-Messfeldsteuerung	41
AF-S	81, 84
Allroundzoom	104
Anzeige im Hochformat	30
Architektur	114
Aufnahmeeinstellungen	21
Aufnahmeinformationen	43
Aufnahme-Menü	30
Auslösesperre	47
Ausrichten	57
Ausschaltzeiten	46
AUTO	14
Autofokus	77
in der Praxis	84
Phasendifferenzmessung	78
Problem und Lösung	86
Autofokusmesswertspeicher	82, 85
Automatische Bildausrichtung	45
Automatische Messfeldsteuerung	82
Auto-Verzeichnungskorrektur	41
Available Light	122

B
Bajonettanschluss	101
Belichtungsmessmethoden	86
Belichtungsmessung	42
Belichtungsmesswerte	21
Belichtungsskala	15, 16
Belichtungszeit	14, 15, 88
Bel. speichern mit Auslöser	47
Beschneiden	51
Bildbearbeitung	49
Bilder vergleichen	63
Bildgröße	35
Bildindexansicht	24
Bildkommentar	45
Bildkontrolle	29
Bildmontage	54
Bildqualität	35
Bildschärfe	32
Bildsensor-Reinigung	44
Blaue Stunde	123
Blende	14, 15, 101
Blendenautomatik	14, 88
Blendeneinstellung	72
Blitz aus	14
Bokeh	102
Brennweite	72, 100

C
Crop-Faktor	100

D
Dateiformate	66
Datum einbelichten	47
DCF	67
Diashow	30
Dioptrienanpassung	8
D-Lighting	50
DPOF-Druckauftrag	30
DX-Format	100
Dynamische Messfeldsteuerung	83

E
Einstellrad	9
Einzelautofokus	81
Einzelbildansicht	24
Einzelfeldsteuerung	83
Eye-Fi-Bildübertragung	48

F
Farbabgleich	54
Farbkontrast	75
Farbkontur	58
Farbraum	41, 66
Farbsättigung	33, 75
Farbtemperatur	67

Farbton	33	Kelvin	67, 71
Farbzeichnung	58	Kinder	17
Fernauslöser	124	Kontinuierlicher Autofokus	81
Filtereffekte	33, 52	Kontrast	33
Firmware-Version	48		
Fisheye	58	**L**	
Flimmerreduzierung	44	Landschaften	17, 116
Fn-Taste	47	Letzte Einstellungen	63
Fokusmessfeldwahl	83	Lichter	23
Fokusschalter	80	Lichtstärke	101
Fokusskala	46, 79	Live-View	19
Fotografieren	109	Live-View-Taste	9, 19
Architektur	114	Löschen	28
filmen	110	LS	31
Landschaften	116		
Makro	117	**M**	
Menschen	119	M	90
Nahaufnahmen	117	Makro	117
Sonnenuntergang	121	Manueller Fokus	81
vorhandenes Licht	122	Matrixmessung	87, 93
		MC	31
G		Menschen	119
GPS	48	MENU-Taste	28
GPS-Empfänger	48	Messfeldauswahl	20
Graukarten	69	Messfeldsteuerung	82
Grauverlaufsfilter	116	Metadaten	23
GUIDE-Modus	13	MF	81
		Miniatureffekt	60
H		Mired	71
HDMI	44	Mittenbetonte Messung	87, 94
Helligkeit	33	Monitorhelligkeit	22, 43
Histogramm	23, 24	Monochrom	51
		MultiCAM 1000	77
I		Multifunktionswähler	9
Info-Automatik	44		
Inspektion/Reinigung	44	**N**	
Integriertes Blitzgerät	42	Nachtaufnahmen	123
ISO-Automatik	40, 92	Nachtporträt	18
ISO-Empfindlichkeits-Einst.	39	Nahaufnahme/Makro	18
		NEF-Format	56
K		NEF-(RAW-)Format	33
Kameramenü	12, 28	Nikon-F-Bajonett	100
Aufnahme	30	NL	31
Bildbearbeitung	49		
Wiedergabe	28		

O

Objektive
- AF-S DX 18-300 mm — 105
- AF-S DX NIKKOR 10-24 mm — 104
- AF-S DX NIKKOR 16-85 mm — 104
- AF-S DX NIKKOR 18-55 mm — 103
- AF-S DX NIKKOR 18-105 mm — 105
- AF-S DX NIKKOR 35 mm — 103
- AF-S MICRO NIKKOR 60 mm — 107
- F-Bajonett — 100
- Nikon D3200 — 100

OK-Taste — 9
Opt. für Wiedergabeansicht — 29
Ordner — 48

P

P — 88
Perspektive — 101, 115
Perspektivkorrektur — 60
Phasendifferenzmessung — 78
Picture Control — 31
Polfilter — 117
Porträt — 17, 119
Programmautomatik — 14, 88
Programmverschiebung — 14
PT — 31

R

Referenzbild (Staub) — 45
Rote-Augen-Korrektur — 50

S

S — 88
Schärfentiefe — 72
Scharfstellung — 79
Schnelle Bearbeitung — 57
Schnelleinstellung — 32
SD — 31
Selbstauslöser — 46
Selektive Farbe — 61
Sensorreinigung — 13
Sonnenaufgang — 121
Sonnenuntergang — 121
Speicherkarte formatieren — 43
Sport — 17

Spotmessung — 87, 94
sRGB — 41, 66
Stürzende Linien — 115
System-Menü — 43

T

Tonen — 34
Tonsignal — 46
Trageriemenbefestigung — 10

U

Überhitzung — 21

V

Verkleinern — 56
Verzeichnungskorrektur — 58
VI — 31
Videoeinstellungen — 42
Videonorm — 44

W

Wartezeit für Fernauslösung — 46
Weißabgleich — 37, 67
- automatischer — 68
- Feinabstimmung — 71
- JPEG-Format — 72
- manueller — 68
- NEF-(RAW-)Format — 72
- RAW-Format — 72
Wiedergabe-Menü — 28
Wiedergabeordner — 29

Z

Zeitautomatik — 14, 89
Zeitzone und Datum — 45
Zurücksetzen — 30, 43

Index

Bildnachweis

Kapitel 1
Nikon, Klaus Kindermann

Kapitel 2
Shutterstock, Nikon, Klaus Kindermann

Kapitel 3
Shutterstock, Klaus Kindermann, Ulrich Dorn

Kapitel 4
Shutterstock, Nikon, Klaus Kindermann, Ulrich Dorn

Kapitel 5
Nikon, Klaus Kindermann, Ulrich Dorn

Kapitel 6
Shutterstock, Klaus Kindermann